한국어 운율과 음운론

안병섭

도서출판 월인

머리말

한국어 음운론은 한국어를 모국어로 사용하는 사람들의 머리 속에 저장된, 말소리의 심리적인 체계와 법칙을 연구하는 분야이다. 그러므로 한국어 음운론 연구는 한국어의 말소리 법칙 전반을 포괄할 수 있어야 한다.

분절음 관련 현상에 대한 지금까지의 연구는 한국어 음운론 분야의 큰 줄기였다. 분절음 체계나 분절음 연쇄 및 여러 제약들에 대한 발견, 형태음소적 현상에 대한 연구 성과는 한국어 음운론이 성립될 수 있었던 학문적 근간이었음이 분명하다.

그런데 지금까지의 현저한 성과에도 불구하고 음운론 연구의 관심은 음운부 내부, 특히 단어 내부로 제한된 측면이 있다. 언어는 크게 음운부, 통사부, 의미부로 구성된다. 그리고 이러한 영역들은 일정한 관계적, 구조적 법칙을 갖는다. 다시 말해 각 영역은 영역 독자적인 법칙도 존재하지만 다른 영역과의 관계에서 상호 교섭적인 법칙도 발견된다. 그러므로 우리의 연구가 음운부 내적 관찰이나 단어 단위를 대상으로 한 음운과 형태와의 관계 해명에 만족한다면 말소리 법칙의 전반을 규명하기가 어렵게 된다. 한국어학이 한국어의 총체적인 이해를 목표로 한다면 음운론 연구는 한국어학의 하위 영역으로서 그 몫을 담당해야 한다. 이를 위해서는 음운론 연구가 음운부와 통사부, 음운부와 의미부에 대한 적극적인 탐색을 통해 한국어의 말소리 법칙 전반을 설명하는 지점까지 나아가야 할 것이다.

특히 우리의 의사소통이 단어보다는 주로 그 이상의 단위로 이루어진다는 점을 생각하면, 단어 중심으로 진행해 왔던 음운론 연구 영역을 발화 차원으로 확대해 접근할 필요성은 분명해진다. 그리고 그러한 작업은 운율 연구를 통해서 실현될 수 있을 것으로 보인다. 분절음이 주로 단어 의미의 변별적 기능을 수행하며 발화의 구체적인 의미를 완성한다면, 운율은 화자가 전달하고자 하는 발화 의미의 전달이나 정보 구조의 반영, 화자의 감정 및 태도 등 발화의 전체적인 맥락과 연관되기 때문이다. 과거에 음운부와 통사부의 관계를 해명하기 위한 통사음운론 연구가 진행된 적이 있었지만 일정 한계를 가질 수밖에 없었던 이유가 운율의 다양한 기능을 적극적으로 주목하지 않은 채 연구 대상을 분절음 운용 법칙에 주목하였기 때문이다.

그러므로 한국어 음운론 연구가 분절음 연구와 더불어 운율 단위의 구조적 특성 및 기능에 대한 해명을 병행해야 한국어 음운부의 역할 및 다른 영역과의 구조적 관련성에 대한 전반적이고 적극적인 탐색이 가능하게 될 것이다. 이것이야말로 한국어 운율 연구가 궁극적으로 나아가야 할 방향이라고 생각한다.

이 책에서 이러한 탐색의 일부를 시도해 보고자 했다. 먼저 한국어 음운부의 계층 구조를 이루는 운율 단위들의 특징과 위계를 검토한 후, 각 하위 운율 단위들이 결합하여 상위의 운율 단위를 형성하는 과정에 대해 밝히고자 했다. 나아가 운율의 형성 과정에 대한 관찰을 통하여 운율 구조와 통사 구조의 구조적 관련성, 운율 구조 및 운율 요소들의 의미·정보 역할 등을 검토하여 운율이 발화 의미를 전달하고 정보를 구조화하는 양상을 규명하는 작업을 시도하고자 했다.

필자가 한국어 운율에 관심을 가진 것은 박사 과정에 진학하고 나서였다. 고려대 민족문화연구원 음성언어정보연구실에서 다양한 음성 자료를 처리하고 분석하면서, 말소리의 객관적인 분석 방법을 고민했고 그 음운론적 탐색을 모색했다. 그 즈음은 억양 음운론에 의해 개발된 한국어 운율 표기 규약(K-ToBI)을 수용하고 한국어 음성 자료 처리에 그 방법론을 적극적으로 적용하던 시기였다. 그런데 분절음에 대한 음성 특징은 명확하고 객관적이어서 처리 과정에 큰 어려움이 없었지만, 운율 표기는 명확하게 처리되지 않는 경우가 유독 많았다. 운율을 분석하는 과정에서 부딪힌 세세한 문제들을 연구실 동료들과 같이 고민하였고, 필자 개인적으로는 한국어 운율에 대해 더욱 구체적으로 관심을 가지게 되면서 운율 연구의 가능성과 즐거움을 알게 되었던 것으로 기억한다. 그러면서 분절음을 중심으로 한 한국어 음운론 연구가 말소리 현상의 전반을 포괄하지 못한다는 어렴풋한 불만을 느꼈던 것 같다.

이러한 호기심과 불만에 대한 결과가 박사 학위 논문이었지만 여전히 성긴 부분이 많아 고민했고, 논문에서 해결하지 못한 부분을 더욱 세밀하게 고찰해야겠다고 다짐했다. 그리고 학위 논문과 그 이후 발표한 논문들을 일단 정리해 두어야겠다고 생각했다. 무엇보다 운율을 통해 음운부와 통사부, 음운부와 의미부의 상호 관계를 보이고 싶었고, 이를 통해 운율 연구가 한국어 음운론 연구의 주요 주제로 다루어져야 함을 보이고 싶었다. 하지만 집필 초기에 가졌던 욕심은 어느새 더 큰 아쉬움으로 바뀌어 있었다. 운율 연구의 큰 얼개를 그리기에는 필자의 역량이 충분하지 못함을 느꼈고, 더 많은 고민과 노력이 필요함을 알게 되었다. 이 책을 집필하면서 느낀 필자의 이러한 아쉬움은 새로운 준비를 위한 약속으로 남겨 둔다.

감사의 뜻을 전해야 할 분들이 많다. 은사이신 이기동 선생님은 필자의 연구 시각이 협소해지는 것을 늘 경계하셨고 필자가 가졌던 사소한 호기심을 잃지 않도록 격려해주셨다. 홍종선 선생님은 학문하는 태도의 엄격함을 일러 주셨고, 일상에서는 인자함으로 필자를 대해 주셨다. 최호철 선생님은 한국어 말소리를 전체적으로 조망하는 통찰력과 한국어 탐구에 대한 끊임없는 지적 호기심을 몸소 보여 주셨다. 그리고 조일영 선생님과 송향근 선생님은 너그러움으로 필자를 격려하시고 아껴 주셨다. 이 자리를 빌어 감사의 말씀과 자주 찾아 뵙지 못함을 사죄 드린다. 필자를 운율 연구의 세계로 안내해 주신 신지영 선생님께도 감사드린다. 선생님은 말소리에 대한 과학적 연구 방법과 학문하는 즐거움을 가르쳐 주셨지만 선생님의 기대에 미치지 못해 항상 죄송한 마음이다. 그리고 함께 연구하는 기쁨을 알게 해 준, 한국어학회 음운론 연구회 선후배들과 음성언어정보연구실의 후배들에게 감사드린다. 필자가 간직한 즐거웠던 추억의 한 자리를 마련해 주었다. 어려운 시기에 이 책의 출판을 기꺼이 허락해 주신 도서출판 월인의 박성복 사장님과 최형필 상무님, 월인의 가족들에게도 감사의 말씀을 드린다. 끝으로, 삶을 같이 한다는 것만으로도 힘이 된 아내와 딸, 양가 부모님, 그리고 필자를 아껴 준 모든 분들에게 감사 드린다.

2010년 여름의 끝에서

안 병 섭

목차_간략

목차_세부

목차_그림과 표

1장 한국어 운율 연구의 의의

1.1 운율 연구의 의의

언어가 형식과 내용으로 이루어졌다고 할 때, 말소리는 형태·통사와 더불어 언어의 형식을 이룬다. 이 가운데 말소리는 다시 분절음과 운율이라는 두 가지 형식으로 구분할 수 있다. 이렇게 보면 분절음과 운율은 언어의 한 형식인 셈이다.

음운론이 언어의 형식 가운데 말소리의 법칙을 연구하는 학문이라고 할 때, 과거의 한국어 음운론 연구는 말소리의 두 가지 형식 모두에 주목하기보다는 주로 단어 단위 이하의 분절음을 분석 대상으로 하였다. 한국어의 음운 체계를 설정하고, 이를 바탕으로 분절음 연쇄에서 발견되는 음운 현상에 대한 규칙화나 제약 설정에 집중하였다. 그리하여 20세기 중후반기의 한국어 음운론 연구는 소리와 형태의 관계를 다루는 형태음소론 연구 분야에서 괄목할 만한 성과를 보였고, 음운 연쇄 과정의 원리나 제약의 발견에 큰 진전을 보였다. 반면에 단어 단위 이하라는 제한된 연구 대상으로 인해 말소리 법칙 전반에 대한 연구, 언어를 구성하는 다른 영역과의 상호 관련성을 탐색하는 연구로는 확대되지 못했다는 한계를 지닐 수밖에 없었다. 그러나 인간의 의사소통이 주로 단어 단위 이상을 중심으로 이루어진다는 점을 염두에 두면, 그에 대한 음운론적 접근의 필요성은 분명해진다.

음운론 연구의 대상을 단어 단위 이상으로 확대할 때 우리는 운율로 연구의 관심을 돌릴 필요가 있다. 분절음이 주로 단어 의미의 변별적 기능을 수행하여 발화의 구체적인 의미를 완성한다면 운율은 화자가 전달하고자 하는 발화 의미의 전달이나 정보 구조의 반영, 화자의 감정 및 태도 등 발화의 전체적인 맥락과 연관되기 때문이다.

유럽 구조주의 언어학 시기에 단어 음운론과 구별되는 문장 음운론이 이미 제기된 바 있었다. 음성학과 음운론 연구의 구분을 주장했던 트루베츠코이(Trubetzkoy, 1939) 등은 단어 음운론과 구별하여 문장을 연구 대상으로 한 '문장 음운론(phonologie de la phrase)'의 필요성을 역설하였다. 그리고 억양을 포함한 운율이 그 연구 대상이 되어야 한다고 제기하였다. 그의 연구에서는 운율적 특성이 단어의 의미 구별뿐만 아니라 단어군 전체의 의미와 문장 의미의 구별에 이용되는 것으로 파악하였으며, 언어 연구에서 운율적 특성은 중요하게 다루어야 할 대상이라고 강조하였다. 특히 운율 요소 가운데 억양이 의미와 밀접하게 관련되어 있다는 견해를 적극적으로 피력하기도 하였다.

또한 미국 구조주의에서도 운율 연구를 시도한 바 있는데, 기술구조주의 언어학자 브룸필드(Bloomfield, 1933)는 운율 연구의 음운론적 당위성을 제기하였다. 브룸필드는 억양의 의미 전달 기능을 중시해 억양도 형태소로 인정해야 하며, 그러한 억양은 다양한 음높이에 의해 형성되므로 다양한 음높이를 음소로 인정하여야 한다고 주장하였다. 하지만 그 과정에서 성조를 네 단계(level)의 절대적인 등급으로 나누었는데, 음높이를 네 단계로 선정한 필연적인 이유와 음높이의 등급 차이에서 오는 언어학적 의의를 설명하지 못하면서 운율 연구가 과학적 방법으로 이어지지는 못하였다.

초기의 이런 견해들에도 불구하고 후대의 음운론 연구가 한동안 운율이나 억양에 대한 연구로 확대되지 못하고 단어 단위 이하의 분절음을 주 대상으로 시도된 이유는 무엇보다도 운율의 속성으로 인해 야기되는 연구상의 몇 가지 어려움과, 연구 대상을 이상화된 언어형으로 제한했다는 점으로부터 비롯된 듯하다. 운율은 그 속성상 가변적이며 상대적이기 때문에 객관적인 분석 방법을 적용하기가 쉽지 않았을 것이다. 또한 생성 이론 연구자들은 언어의 완전한 모습이나 정형화된 모습이 관찰되는 문어를 주 연구 대상으로 삼았는데, 구어는 정형화된 언어의 모습을 보이는 경우가 드물기 때문에 언어의 보편적 법칙을 탐구하기에 적절하지 못한 연구 대상이었던 셈이다. 이 과정에서 운율이 음운론의 관심에서 잠시 벗어나 있게 되었다.

운율을 음운론의 영역에서 본격적으로 다룬 것은 1970년대의 자립 분절 음운론, 1980년대의 운율 음운론과 율격 음운론, 1980년대 이후의 억양 음운론 등에 의해서이다. 이 가운데 한국어 연구에 수용되어 한국어의 운율 관련 현상을 파악하는 데 적용된 이론은 자립 분절 음운론, 운율 음운론, 억양 음운론 등이다. 최근에는 억양 연구를 통해 발화의 의미 해석을 시도하는 억양 음운론이 이론적인 관심을 받고 있다.

기본적으로 생성 언어학에서는 언어를 세 하위 영역으로 파악하여 그림 1-1과 같은 구조를 이루는 것으로 이해해 왔다. 이 도식에 의하면 언어 하위 영역들 간의 관계에서 통사부가 중심 연결 역할을 맡고

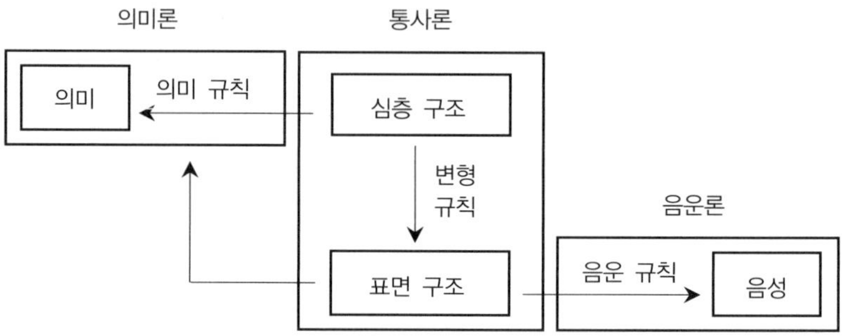

그림 1-1 생성 이론에서 본 언어의 하위 영역 간 관계(이기문 외, 2000)

있다. 특히 의미부와 음운부는 직접적인 관련성이 적은 것으로 이해해 왔다. 그러나 다음과 같은 예를 통해서 음운부도 운율에 의해 의미부와 직접적으로 관련돼 있음을 알 수 있다.

(1) 가. 밥 먹어요.(↘)

나. 밥 먹어요.(→)

다. 밥 먹어요?(↗)

라. 밥 먹어요?(⤴)

동일한 분절음 연쇄로 이루어진 발화 (1)들은 발화 마지막에 얹히는 억양에 의해 발화 의미가 달라진다. 일반적으로 (가)는 평서의 의미, (나)는 청유 또는 명령의 의미, (다)와 (라)는 의문의 의미로 해석된다. 운율에 의해 의미가 달라졌으므로 운율 형식이 의미 생성이나 의미 해석에 기여한다고 하겠다.

한편으로는 (1)의 발화가 운율에 의해 의미가 생성되는 것이 아니라 발화 마지막에 오는 형태 요소에 의해 그 의미가 구별되고 표면 구조의 운율 형식으로 도출되었다고 이해할 수 있다. 그러나 의문문인 (다)

와 (라)의 경우에서 발화 마지막에 오는 형태 요소를 서로 다른 것으로 판별할 근거가 부족하기 때문에 충분한 설명이 되지 못한다.

다음의 예를 보면 음운부가 통사부를 거치지 않고 의미 생성에 직접 관여할 수 있음을 확인할 수 있다.

(2) 네가 창문을 깼니?

가. 예(→)

나. 예(↘)

다. 예(↗)

(2가, 나, 다)는 어떤 형태적 차이나 통사적 차이도 보이지 않는 단음절 '예'의 발화이다. 세 가지 대답이 서로 다른 의미로 해석되는 것은 순전히 운율에 의해서이다. 결국 통사부를 거치지 않고서도 음운부, 특히 운율은 발화의 의미 생성이나 해석에 적극적인 역할을 담당하고 있는 셈이다.

중의문의 의미 해석 과정을 살펴보는 것도 언어의 내용과 형식의 관계를 이해하는 데 도움이 된다.

(3) 손님들이 다 오지 않았어요.

(4) 가. 손님들이 [다 [오지 않았어요]]

나. 손님들이 [다 오지] [않았어요]

우리는 (3)의 의미에 대해 일반적으로 양화사 '다'의 지배 영역에 따라 (4가)는 '온 손님이 한 명도 없다'는 의미로, (4나)는 '오기로 한 손님 가운데 몇 명만 왔다'는 의미로 해석한다. 그리고 서로 다른 의미를 가진 동일한 형식 (4)가 다음과 같이 운율 단위를 다르게 실현하여 그 중의성을 해소하는 것으로 설명한다.

(5) 가. 손님들이 / 다 / 오지 않았어요.
나. 손님들이 / 다 오지 / 않았어요.
('/'는 운율적 끊김의 표시)

그런데 중의문의 일반적인 개념이 서로 다른 내용이 동일한 언어 형식으로 나타나는 문장이라는 점을 생각하면 발화 차원에서는 (3)과 같은 예문을 중의문으로 볼 수 없게 된다. (3)의 예문이 (5)에서처럼 의미에 따라 서로 다른 운율 단위로 실현되어 발화된다면 (3)은 동일한 언어 형식을 갖는다고 볼 수 없기 때문이다.

이처럼 (3)을 중의문으로 보는 견해는 언어 형식을 단순히 분절음의 연쇄 과정과 구성 요소의 통사적 배열로만 한정한 결과이며, 이는 곧 언어 형식에서 운율을 배제하거나 소극적으로 인정한 결과이기도 하다. 따라서 (3)을 중의문으로 보는 견해나 (3)이 가진 중의성이 (5)와 같이 운율 실현에 의해 중의성이 해소되었다고 이해하는 순차적인 설명 방법들은 운율을 언어의 형식으로 인정하지 않았다는 논리적 모순을 떠안게 된다.

운율 연구의 발전 과정을 대략적으로 살펴보았고, 여러 예들을 통해서 운율이 담당한 의미 기능을 인정한다면 음운론에서 운율에 대한 연구가 적극적으로 이루어질 필요성을 인식하게 된다. 음운론이 분절음 연구를 통해서 주로 형태(단어)와 음소간의 관련성을 해명할 수 있었다면 운율 연구를 통해서는 언어의 하위 영역인 의미부, 통사부, 음운부의 상관성을 해명할 수 있을 것으로 기대되기 때문이다.

1.2 한국어 운율 연구의 과제

한국어학이 한국어의 총체적인 이해를 목적으로 한다면 한국어 음운론 연구는 분절음 연구와 더불어 운율 단위의 구조적 특성 및 기능에 대한 해명을 병행해야 한다. 그래야 한국어 음운부의 역할 및 다른 하위 영역과의 구조적 관련성에 대한 전반적이고 적극적인 탐색이 가능하게 될 것이다. 이것이야말로 한국어 운율 연구가 궁극적으로 나아가야 할 방향이라고 할 수 있다.

우리가 운율에 대해 음운론적으로 접근하고자 할 때 일차적인 관심을 운율 구조에 둘 수 있다. 운율 구조는 다양한 운율 요소들로 형성된 리듬과 억양을 바탕으로 하므로, 우리가 운율을 연구한다고 할 때 그 주 대상은 리듬과 억양이 된다. 리듬과 억양은 필연적으로 운율 단위를 형성하기 때문에 리듬과 억양을 연구한다는 것은 곧 운율 단위에 대한 연구로부터 시작된다고 보아도 무방할 것이다. 또한 리듬과 억양을 형성하는 데 기여하는 성조(tone) 및 성조 연쇄, 경계 성조(boundary tone), 고저 액센트(pitch accent), 시간 길이, 휴지(pause) 등과 같은 운율 요소 등이 연구 대상에 포함될 수 있다.

그리고 이 과정에서 우리는 다음과 같은 반성을 통해 한국어 운율 연구의 방법과 나아갈 방향을 구체화시키는 작업이 가능해질 것이다.

첫째, 한국어의 운율 단위를 검토하고 운율 위계를 세우는 작업은 한국어의 운율 특성을 면밀하게 관찰한 후 그 결과를 기준으로 검토되어야 한다.

운율 연구자들이 제시했던 운율 단위들이 음운부를 형성하는 운율 특징으로 정의되고 구분되기보다 주로 통사 구조와의 비교를 통해서 정의된 일면이 있으며, 경우에 따라서는 다른 언어 연구에서 구축된 운율 단위가 한국어 운율 연구 과정에서 구체적인 검토를 거치지 않고 관습적으로 적용되는 양상도 나타났다. 언어는 구조와 체계로 이해되며, 언어가 다르다는 말은 곧 그 언어를 이루는 구조와 체계가 다르다는 말로 설명될 수 있다. 언어마다 구조가 다르듯이 한국어의 운율 구조도 다른 언어의 그것과 같을 수 없다. 특히 언어 유형적으로 구별되는 영어와 한국어가 운율 구조의 차이를 가질 것은 분명한 사실이며, 운율 구조를 이루고 있는 단위들에서도 차이가 날 것은 자명하다.

영어학에서 강세에 의해 율격이 형성되는 과정을 이론적으로 밝힌 율격 음운론(metrical phonology)이 운율 연구 분야에서 많은 조명을 받았음에도 불구하고 한국어 운율 연구에 수용되지 못한 이유가 여기에 있다. 언어 유형론적으로 영어는 강세 박자 언어이고 한국어는 음절 박자 언어이기 때문에 강세가 율격을 형성한다는 율격 음운론은 한국어의 운율 형성 과정을 설명할 수 없었기 때문이다. 억양 음운론을 한국어 운율 연구에 적용한 Jun(1993, 1998, 2000)에 의해 한국어 운율 특징을 보다 합리적으로 설명하는 방법이 가능하게 되었지만, 미국의 억양 음운론에서 사용한 운율 단위나 용어, 운율 표기의 자세한 방법 등에서 차이가 나는 이유가 여기에 있다.

그러므로 우리가 지금까지 사용해 온 운율 단위들이 한국어 음운부를 형성하는 필수적인 언어 단위인지 아니면 언어를 보다 잘 이해하고 설명하는 데 필요한 언어 분석 단위인지를 검증하는 작업을 다시 거쳐야 한다. 그리고 그 검토는 무엇보다 운율적인 특징을 기준으로 삼아야 할 것이다.

둘째, 운율의 구조와 기능의 규명을 위해서는 하위 운율 단위들이 모여 상위의 운율 단위를 형성하는 방법에 대한 탐구가 필요하다.

한국어 음운부를 운율 단위들로 위계화된 계층 구조로 인식하면서도 운율 단위들의 위계화 과정 즉, 하위 운율 단위들이 결합하여 상위 운율 단위를 형성하는 과정에 대한 연구 성과가 뚜렷하지 않았다. 운율 계층적 관점에서 상위 운율 단위가 하위 운율 단위들을 포함한다는 논의는 있었으나 그 형성 과정에 대한 논의는 분명하지 않았다. 이에 대한 해명도 앞으로 필요한 작업이다.

셋째, 운율 단위는 그 자체로 독자적인 운율 특성을 보유하고 일정 기능을 담당하지만 그것의 분명한 의의는 전체 구조 속에서 파악되어야 한다. 한국어 운율 연구에서 이룩한 개별 형태소들의 운율 특성에 대한 성과 대부분이 실현된 운율의 차이점을 포착하는 데는 성공한 반면에 그 원인을 구체적으로 밝히기 어려웠던 점이 운율 구조적인 관점으로 접근하지 않았기 때문이다. 따라서 개별 운율의 특징도 구조적인 관점을 고려해서 파악할 때 한국어 운율이 가진 본연의 기능을 설명할 수 있을 것이다.

넷째, 운율 연구를 통해 한국어 하위 영역들 간의 언어학적 관련성을 조명하는 데 보다 많은 노력이 필요하다. 일반적으로 운율 음운론에 입각해 달성된 운율 구조 연구들은 기저 의미 단위의 경계나 혹은 통사 단위의 경계가 주어진 환경에 따라 운율적인 경계로 실현되는 것으로 보았다. 따라서 순서적으로 의미 구조나 통사 구조를 먼저 설정하고 그것이 운율 구조에 어떻게 변형되어 형성되는지를 밝히는 것이 주 연구 방법이었다. 그러나 연구들마다 단어 중심의 음운 현상을 대상으로 부분적인 관련성을 해명하는 데 그쳤을 뿐 기저 통사 구조가 표면 운율 구조로 변형되어 투사되는 과정들을 성공적으로 일반화시키는 데 실패한 것으로 보인다. 어쩌면 그것은 언어 현상을 해석하고 설명하는 접근 방법의 차이가 아니라, 우리가 언어의 구조 또는 언어를 이루는 하위 영역들 간의 관계를 잘못 이해하고 있는 것은 아닌가 하는 의구심을 떨치지 못하게 한다. 왜냐하면 통사론에서 제시한 완벽한 계층성이 운율 구조에서는 관찰되지 않기 때문이다. 이러한 현상은 통사 구조나 의미·정보 구조 측면에서 관찰되기는 마찬가지이다. 이러한 현상들을 성공적으로 설명할 수 있다면 운율 구조를 생성하는 근본적인 방법과 운율의 언어적 역할이 해명될 수 있을 것으로 기대한다.

이 책을 통해서 이러한 탐색의 일부를 시도해 보고자 한다. 이 책에서는 한국어 음운부의 계층 구조를 이루는 운율 단위들의 특징과 위계를 검토한 후, 각 하위 운율 단위들이 결합하여 상위의 운율 단위를 형성하는 과정에 대해 고찰한다. 나아가 운율의 형성 과정에 대한 관찰을 통하여 운율 구조와 통사 구조의 구조적 관련성, 운율 구조 및 운율 요소들의 의미·정보 역할 등을 검토하여 운율이 발화 의미를 전달하고 정보를 구조화하는 양상을 규명하는 작업을 시도한다.

이러한 탐색은 운율 내적인 접근을 근간으로 하여 운율 외적인 접근으로 진행된다. 운율 내적 접근을 통해서 운율 구조를 규명하고, 운율의 원자적 요소들이 모여 운율 구조를 형성하는 법칙과 운율 요소들의 음성적, 음운론적 특징들을 밝히는 작업을 진행한다. 이와는 다른 방법으로, 운율 외적인 접근을 통해서는 운율과 언어 하위 요소 간의 구조적 관계성에 대한 검토를 진행할 것이다. 그리하여 운율에 얽히는 통사 및 의미 등 언어를 형성하는 하위 영역과의 관계에서 운율이 어떠한 역할을 담당하며,[1] 통사 구조 및 의미 구조, 정보 구조

1) '음운론적 기능'과 '음운론적 역할'의 사용은 구분할 필요가 있다. 음운론에서 '음운론적 기능'은 의미 변별 기능에 한해서 사용된 개념이다. 그것은 단어 음운론 차원에서는 어휘의 의미 변별이며, 발화 음운론 차원에서는 발화의 의미 변별을 의미한다. 이에 반해 '음운론적 역할'은 의미 변별은 아니지만 여러 가지 음운 규칙이나 음운 과정에 관여하는 요소를 말한다. 가령 한국어의 음운 규칙은 운율 단위에 따라 적용 여부가 결정되며, 특정 운율 단위 내에서도 음절 위치에 따라 적용 여부가 결정되는 것으로 알려져 있다. 이때 음운 규칙의 적용 범위를 확정하는 운율 단위나, 음운 규칙의 적용 위치인 운율 단위 내의 특정 음절 위치는 음운론적 역할을 한다고 볼 수 있다.

등을 어떻게 운율로 실현시켜 전달하는가를 규명하게 될 것이다.

한발 더 나아가 운율의 이러한 구조는 한국어 하위 영역과의 '구조적 관계'로 설명되어야 하는데, 다른 영역과 맺게 되는 그 '구조적 관계'가 바로 운율의 기능이 될 것이다. 음운론적 기능이란 형식과 의미와의 결합에서 비롯된 것이기 때문에 우리는 운율이 다른 구조와 맺고 있는 기능적 관련성으로 그 실체를 파악해야 할 것이다. 이 책에서는 이점을 염두에 두고 운율 및 억양을 관계적 요소로, 구조적 관점에서 분석하고 설명하는 작업을 시도한다.

2장 음운론 연구를 위한 운율 특성 이해

2.1 운율의 상대성과 가변성

2.1.1 운율의 상대성

운율 연구에 있어서 우리가 항상 염두에 두어야 할 점은 운율의 속성이 상대적이라는 점이다. 가령 분절음 가운데 무기무성연구개음 /ㄱ/을 분석하기 위해서는 우리는 /ㄱ/의 조음적, 음향적 특징을 숙지하고 있어야 한다. 폐쇄→파열→기식으로 이어지는 조음상의 특징과 기식 구간의 길이, 특정 주파수 대역에 나타나는 에너지 등으로 우리는 그 음을 인지할 수 있다. 이와 같은 분절음의 음성적 특징들이 선후행 분절음과 전혀 관계없는 것은 아니지만 그러한 선후행 분절음의 영향은 단지 분절음의 음성적 차이를 가져올 뿐 음운론적 차이를 가져오지는 않는다. 모음의 경우도 마찬가지이다. 가령, 모음 /어/의 경우 화자에 따라서 조음 위치가 중설 쪽일 수 있고 보다 후설 쪽일 수 있다. 또는 중모음 영역일 수 있고 고모음 영역에 가까울 수도 있다. 모음 /어/를 구성하는 제1포먼트(1st formant)와 제2포먼트(2nd formant)의 주파수 대역도 성별에 따라 다르고, 신체 조건에 따라 다르다. 게다가 동일 화자라도 선후행 분절음의 종류에 따라 발음된 모음 [어]는 다른 음성적 특징을 갖는다. 그러나 이 모든 음성적 차이에도 불구하고 우리는 그 음을 /어/로 인식하는 데 아무런 문제를 느끼지 못한다.

그러나 운율의 속성은 그렇지 않다. 조음적, 음향적 특징을 파악하기 위한 구체적이며 절대적 기준이 마련되어 있는 분절음과 달리, 운율적 요소의 대부분은 상대적인 관계를 고려할 수밖에 없다. 특정 기본주파수(fundamental frequency) 값이 주어져도 실현된 성조가 고조인지 저조인지 파악하기 위해서는 음높이(pitch) 연쇄 과정에서 선후행 성조들을 파악해야 한다. 때에 따라서는 발화가 길 경우, 발화 후반부의 고조는 발화 전반부의 저조보다 기본주파수 값이 더 낮을 수 있다.

이런 이유로 분절음은 비맥락적인 자질(non-contextual feature), 범주적 자질(categorial feature)로 설명되는 반면 운율은 맥락적 자질(contextual feature), 상대적 자질(relative feature)로 설명될 수밖에 없다.

운율 요소의 하나인 시간 길이(length)도 그러하다. 음운론에서는 분절음이나 음절의 절대적인 시간 길이가 중요한 것이 아니라 상대적인 시간 길이가 의미를 갖는다. 음운론에서 언급하는 장음이란 그 지속 시간(duration)이 단음의 지속 시간보다 정확히 두 배의 시간 길이를 갖는 것이 아니다. 전체 발화 속도나 발화 성격에 따라 달라지는 상대적 시간 길이의 개념이다.

따라서 운율을 구성하는 가장 중요한 두 요소인 시간과 음높이 모두는 절대적인 수치가 중요한 것이 아니라 동일 발화 내에서 또는 화자 내에서, 선후행 운율 요소와의 관계에서 형성된 상대적인 수치가 중요하며, 그 관계성이 언어학적으로 의미를 지닌다고 볼 수 있다. 그러므로 우리는 운율 구조를 이루는 각 운율 단위 및 여러 운율적 요소들의 '상대적 관계'로 설명될 수 있는 특성을 살펴야 할 것이다.

1장에서 살펴보았듯이, 유럽 구조주의 및 미국의 기술주의 등에서는 운율을 음운론의 연구 대상으로 인정하였다. 그럼에도 불구하고 운율에 대한 음운론적 연구가 적극적으로 진행되지 못한 것은 운율이 가진 상대성 때문이라고 할 수 있다.

구체적이고 범주적인 특징인 분절음과 달리 운율이나 억양의 특징은 객관적으로 관찰하기가 쉽지 않으며, 그 관찰의 결과를 일반화시키기에도 많은 어려움이 있다. 운율의 음운론적 기능에 대한 본격적인 일반화는 자립 분절 음운론에 의해 음운부가 분절음 층렬과 초분절음 층렬로 분리된다는 사실의 발견으로부터 시작되는데, 그 이전까지는 운율 연구가 주로 운율 특징의 발견이나 억양의 의미 기능에 대한 단순한 기술 수준에 그친 이유가 여기에 있다. 그와 같은 어려움은 음성 분석 도구가 발달하여 운율을 보다 객관적으로 관찰할 수 있는 근래에 와서도 운율 연구의 객관성을 확보하는 데 여전히 많은 장애로 남아 있다.

2.1.2 운율의 가변성

두 번째로 거론할 수 있는 운율의 특성은 운율이 예측하기 어려울 정도로 가변적이라는 점이다. 언어에서 차지하는 운율의 역할이 비교적 분명함에도 불구하고 분절음 관찰에서와 같은 특정적 요소를 파악하기가 쉽지 않다는 점도 운율 연구를 기피했던 이유로 들 수 있을 것이다.

가령 분절음에 대한 그동안의 연구 성과로 분절음마다의 음성 특성(phonetic event) 목록을 어느 정도 확보하였다고 할 수 있다. 그 가운데 일부는 음운론적으로 가치를 인정받아 자질(feature)의 지위까지 얻게 되고, 일부는 음성학적인 가치로 확인되었다. 연구자들이 아직 발견하지 못한 음성 특성이 있다면 그것은 언어학적 의의를 갖기 어려울 정도로 미미한 특징일 것이다. 그런데 운율은 분절음과 달라서 운율을 설명할 고정된 음성 특성을 가진 것이 아니라 매번 자료 분석 과정에서 그것을 응용, 적용해야 한다는 어려움이 있다.

운율의 이러한 가변성으로 인해 운율의 언어적인 기능, 감정이나 태도와 관련된 준언어적인 기능, 성별이나 화자 특성으로 나타나는 비언어적인 요소를 구분하기가 쉽지 않다. 이 또한 운율 연구가 쉽지 않은 한 이유가 된다. 분절음의 음성적 특성이 개인에 따라서 정확하게 일치하는 것은 아니지만 그 차이는 화자나 청자에게 뚜렷하게 인식되지 않는다. 다시 말해서 그 차이가 음운론적인 차이를 가져오는 경우가 드물다. 반면에 운율적 차이는 화자 간(inter-speaker) 또는 화자 내(within-speaker)에서 상황, 성별, 화자 감정 등에 따라 다르게 실현되며, 그 미세한 차이는 화자나 청자에게 모두 분명하게 인식된다. 그러나 이와 같은 인지의 차이에도 불구하고 운율의 어느 특징이 본질적인 것이고, 어느 것이 화자나 상황에 따라 달리 나타나는 가변적인 것인지를 구분하기란 쉬운 일이 아니다. 운율 및 억양 연구에서 그 본질적인 기능을 제대로 파악하기 위해서는 운율의 가변적 차이를 무시할 수 있는 정규화 과정에 대한 연구가 필요한 까닭이 여기에 있다.

2.2 음높이와 성조

2.2.1 성조의 종류

성조(tone)는 전통적으로 의미 변별 기능을 담당하는 음높이의 음운론적 용어이며, 단어의 변별뿐만 아니라 언어에 따라서는 시제와 같은 통사적 차원의 의미 변별 기능을 담당하기도 한다. 이와 같이 성조가 의미 변별 기능을 담당한 언어를 우리는 성조 언어(tone language)라 한다. 성조 언어의 대표적인 언어는 중국어이며, 아프리카의 많은 언어 또한 성조 언어로 밝혀져 있다.

그런데 이러한 음운론적 기능을 하는 성조와 달리 운율을 연구하는 차원에서는 음높이의 연쇄(pitch contour)에 나타나는 음높이 특성을 성조라 하기도 한다. 이러한 성조는 단어의 의미 변별 기능을 담당하지는 않지만 자연스러운 음성 산출을 위한 운율적 특성으로 이해되고 있으며, 음높이의 연쇄로 이루어진 억양을 연구할 때 주요 연구 대상이 되는 운율 요소이다.

그러므로 우리는 성조라는 용어를 단어 의미 변별을 담당하는 어휘적 성조(lexical tone)와 그러한 기능을 하지 않고 음성적으로 산출되는 음성적 성조(phonetic tone)로 구분할 필요가 있다. 다시 말해 전자는 개별 언어의 음운 체계 내에 운소로서 역할을 하기 때문에 음운적 성조 또는 음운론적 성조라 명명할 수 있을 것이며 이에 비해 후자는 어휘 변별에 관여하지 않기 때문에 비어휘적 성조(non-lexical tone), 음성적 성조로 부를 만하다.[1)]

그러나 비어휘적 성조가 아무런 언어학적 기능을 담당하지 않는

---

1) 특별한 언급이 없는 한 본문에서 지칭하는 성조는 음성적 성조를 의미한다.

것은 아니다. 비어휘적 성조는 단어 변별 기능을 하지 않는 반면에 운율 구조를 형성하는 데 기여하기도 하고, 어휘보다 더 큰 단위인 억양구나 발화의 의미 형성에 일정 부분 역할을 하는 것으로 밝혀지기도 하였다. 이런 탐구들은 구조주의 음운론 시대부터 소박하게 시작되어 근래에는 억양을 대상으로 한 음운 이론에 의해 구체적으로 진행되고 있다.

사실 구조주의 음운론에서는 음성적 성조보다 그것의 연쇄인 억양에 대한 관심을 가지고 있었다. 특히 억양의 마지막 운율 요소를 구별하여 그것의 의미 기능을 파악하고자 하였다. 여기서 말하는 억양의 마지막 운율 요소는 영국식 억양 이론에 따르면 핵억양(nuclear tone)이고, 미국의 억양 음운론에 따르면 경계 성조(boundary tone)의 개념에 가깝다. 국내 연구에서는 '문미 억양' 또는 '문말 억양'으로 지칭해 온 개념이다. 구조주의 음운론에서는 끝을 올리는 억양을 '계속적(de continuité) 억양'으로, 끝을 내리는 하강조 억양을 '결론적(conclusive) 억양'이라고 구별하여 문장의 의미를 파악하고자 하였다. 이외에 '열거적(énumérative) 억양'의 존재 가능성을 거론하기도 하였다.

성조 및 억양의 기능에 대한 적극적인 연구 방법인 억양 음운론에 이르러서 개별 성조(특히 경계 성조)들의 의미 기능이 일부 밝혀지기도 하였으며 발화 전체에서 의미·정보 구조를 어떻게 운율적으로 실현시키는지에 대한 성조의 역할을 규명하는 데 노력하기 시작하였다.

2.2.2 성조의 개념: 음높이의 진행 과정 대 목표점

영국에서 진행되었던 억양 연구와 미국 구조주의에서 진행된 억양 연구에서는 성조를 특정 음높이 위치가 아니라 음높이의 움직임으로 파악하였다. 그래서 억양의 마지막 요소를 영국식 방법으로는 낮은수평조(low level), 가운데수평조(mid level), 높은수평조(high level), 낮내림조(low fall), 온오름조(full rise) 등의 용어를 사용하였고, 미국 구조주의적 억양 연구에서는 음높이의 등급을 임의의 단계인 4개의 절대적인 단계로 나누고 음높이의 변화를 '42, 31' 등의 방법으로 설명하였다. 그러나 이 두 방법은 성조의 차이가 무엇을 의미하는지를 밝히지 못하게 되며, 결국 이러한 관점에서 파악한 성조는 잉여적이라는 한계를 보였다.

그러나 이후 운율 연구가 발전하면서 성조 개념에 대해 근본적으로 다시 생각하게 된다. 음높이의 진행 방향을 성조의 개념으로 보던 견해를 버리고 음높이의 연결을 특정 목표점(target)을 향해 움직이는 과정으로 보게 되는데, 이때의 음높이가 진행하는 목표점을 성조라고 본 것이다. 음높이 진행의 목표점은 음높이 곡선(pitch contour)에서 보이는 정점(peak)과 저점(vallye)이 되며, 음높이 곡선의 정점과 저점은 각각 고조(H tone)와 저조(L tone)로 대응되고, 음높이 진행 방향의 방향 전환점(turning point)의 역할도 한다. 다시 말해 정점은 음높이가 상승하다가 하강하는 전환점이며, 저점은 음높이가 하강하다가 상승하는 전환점인 셈이다.

이러한 관점은 브루스(Bruce, 1977)에서 시작되었다. 브루스는 스웨덴 어의 단어 강세를 연구하는 과정에서 이러한 성조 개념을 생각하게 되었다. 단어 강세가 음높이의 상승이나 하강과 관련된 것이 아니라 정점과 정확히 정렬되고 있음을 관찰하였던 것이다. 이에 따라서 성조는 음높이가 하나의 지점에서 다른 지점으로 이동하는 '과정'의 개념이 아니라 음높이가 이동하는 '목표점(전환점)'의 개념으로 이해해야 함을 주장하였다. 다시 말해서 음높이의 상승이나 하강은 목표점(전환점)에 도달하는 과정에 불과하다는 것이다(Ladd, 2000:37~48). 성조를 음높이의 이동이 아닌 목표점으로 이해한 브루스의 발견은 발화 마지막 음높이의 기본주파수가 화자 내에서 일정하게 나타난다는 점과 정점의 기본주파수도 규칙적이라는 점(박순복, 2006:67~68)에서 타당한 견해로 받아들이고 있다. 그리고 성조를 음높이 진행의 목표점으로 인식한 점과 성조를 상대적인 음높이 값으로 본, 브루스의 성조 개념은 이후 억양 연구 분야에 많은 기여를 하였다.

2.2.3 음높이 곡선과 고저 액센트의 확인

성조의 개념을 음높이 진행의 목표점으로 보아야 한다는 견해를 뒷받침해 주는 운율 현상은 음높이 폭(pitch span)에서 음높이의 정점과 저점이 일정한 위치에 나타난다는 언어 보편적인 사실이다. 다음 억양 곡선의 모형을 보자.

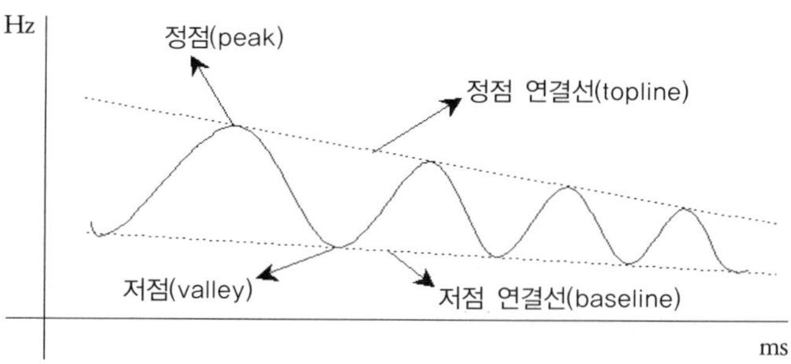

그림 2-1 음높이 곡선의 정점 연결선과 저점 연결선

음높이 폭(pitch span)은 성조의 정점들을 연결한 선(그림 2-1에서 점선으로 표시)인 정점 연결선(plateau 또는 topline)과 저점들을 연결한 저점 연결선(baseline) 사이의 영역이다. 정점 연결선과 저점 연결선은 음높이의 목표점의 높이를 기준으로 가정된 가상적인 개념이지만 운율의 음성적 특징 가운데 두 가지 보편적인 속성을 잘 설명하고 있다.

하나는 발화 후반부로 갈수록 음높이 폭이 좁아진다는 점이고, 다른 하나는 발화가 진행되는 동안 음높이가 실현되는 영역이 완만한 점진적 하강화 현상(declination)을 보인다는 점을 일반화하여 설명할 수 있게 된다. 이것은 발화가 지속될수록 성문 하압과 후두 근육의 긴장이 낮아지기 때문에 결과적으로 발생한 생리적인 현상이라고 할 수 있다.

앞에서 억양 모형을 설명하였는데, 모형에서 소개된 정점 연결선과 저점 연결선은 음운론에서 중요한 역할을 한다. 바로 억양의 의미 해석에 중요한 역할을 하는 고저 액센트(pitch accent)를 판별하는 기준이 된다. 물론 의사소통 상에서 청자는 무리 없이 액센트를 판단하겠지만, 운율 연구자에게는 액센트의 실현 여부를 객관적으로 판단할 기준이 필요하였다. 바로 이들 정점 연결선과 저점 연결선을 기준으로 운율 연구자들이 액센트 실현 여부를 객관적으로 판단하게 되었다. 예를 들면 운율 연구자들은 어떤 음절의 고조가 정점 연결선을 벗어나 더 높게 실현된 경우에 액센트를 부과한다. 일반적으로 고저 액센트는 고조에 의해 더욱 돋들리지만, 드물게는 저조의 고저 액센트가 올 수도 있다. 이때 저조의 고저 액센트 판단도 저조가 저점 연결선을 넘어 훨씬 낮게 실현된 것으로 판단할 수 있다.

실제 발화된 음성 자료에서 정점들은 정점 연결선과 저점 연결선을 조금씩 못 미치거나 벗어나기도 한다. 따라서 여기서 액센트의 판별은 그러한 미세한 차이의 실현으로 볼 수 없을 만큼 현저하게 두 선을 벗어났을 때를 기준으로 한다. 고저 액센트의 실현 방법을 모델화한 다음 도식을 보자.

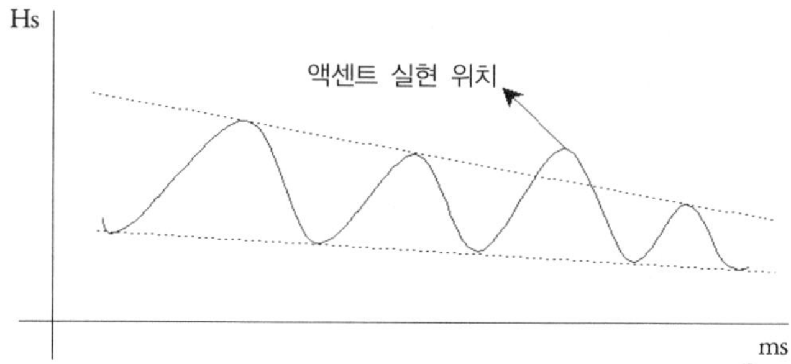

그림 2-2 음높이 곡선과 고저 액센트의 실현

결국 음높이와 관련해서만 생각할 때 돋들린다는 것은 높게만 실현되는 것이 아니라 낮게도 실현될 수 있어서 일반적인 다른 음높이 정점이나 저점과 구별된다는 개념으로 받아들 수 있다. 다만 정점 및 저점 연결선을 벗어나 고저 액센트를 실현시키는 경우는 저조보다는 고조에서 자주 관찰되므로 고저 액센트는 주로 고조로 실현시키는 것이 일반적이라고 할 수 있다. 이러한 사실은 고조의 성조를 조절하기가 저조의 성조를 조절하기보다 쉽다는 음성학적 사실과 부합된다.

이와 같은 정점 연결선과 저점 연결선은 화자와 청자의 심리 체계에서 포함되어 있으나 의식적으로 인식되지 않는 가상적인 선이므로 언어 형식이라고 볼 수 없다. 그러나 화자 발화에 대한 청자의 돋들림 지각은 정점 연결선과 저점 연결선 사이에서 실현되는 화자의 음높이 폭을 참고하는 것으로 추측된다. 또한 돋들림은 화자에 의해 실현되는 것이므로 화자 또한 자신의 보편적인 음높이 폭을 무표적인 범위, 기준 범위로 이용한다는 것으로 이해할 수도 있다. 개별 성조에 대한 음높이 산출과 지각이 상대적인 기준으로 판단되듯이 돋들림 또한 화자 발화의 음높이 폭을 상대적인 기준으로 판단한다고 볼 수 있다.

성조가 정점 연결선을 현저히 넘어섰을 때 청자는 그것을 무리없이 액센트로 판단한다. 그러므로 음성적이면서 무표적인 성조 실현과 구별하여, 액센트는 유표적으로 지각되는 개념으로 파악되어야 하며, 이러한 액센트의 유표적 속성이 음운론적인 역할을 하게 된다.

2.2.4 한국어 운율의 성조 표기 방법

현대 한국어의 운율 연구에서 거론되는 성조는 음성적 성조이며, 그러한 성조는 음절 중심으로 배당되는 모습이 관찰된다. 성조들은 연쇄하여 음절 상위의 운율 단위인 강세구를 형성한다. 그러나 성조가 일반적으로 음절 중심으로 배당되지만 반드시 음절과 일대일로 정연하게 연결되는 것은 아니다. 강세구를 형성하는 음절 수에 따라 성조 배당 방법이 달라질 수 있다. 이것은 한국어가 음절 중심으로 운율 단위를 형성해 간다는 기본 가정에서 비롯된 것이지만 음절이 모여 이루어지는 상위 운율 단위인 강세구에서 포용할 수 있는 성조 연쇄는 최대 네 성조만을 허용하기 때문이다. 또한 강세구가 가질 수 있는 최소 성조 수가 두 개라는 점도 성조와 음절이 일대일로 정확하게 할당되지 않는 모습을 보인다. 강세구 내에서 음절별 성조가 배당되는 양상은 제5장에서 보다 자세히 검토하기로 하며, 여기에서는 한국어 운율 연구 과정에서 성조 배당을 하는 대략적인 방법만 설명한다.

한국어의 성조 배당 방법은 Jun(2000)에서 개발하였는데, 이 때 제시한 운율 구조 모형은 다음과 같다.

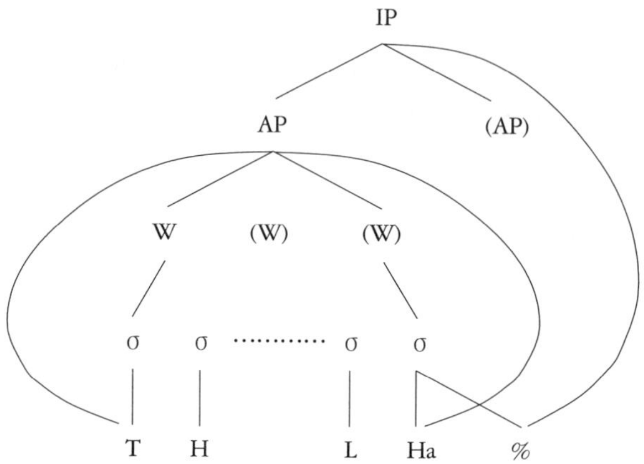

그림 2-3 한국어 운율 단위의 계층 구조(Jun, 2000)

Jun(2000)에서는 위와 같이 성조가 음절에 연결되는 것으로 모형화했지만 성조 배당에 대한 실제 설명에서는 성조 배당 위치가 음높이의 연결에서 나타나는 음높이 진행의 전환점(tuning point)이라고 지적하고 있다. 음높이가 상승하고 하강하며 연결되는 과정에서 음높이가 올라가다 내려가는 정점(peak)에 고조(high tone; H)를, 하강하다가 상승하기 시작하는 저점(valley)에 저조(low tone; L)를 배정한다. 이와 같은 성조 배당의 방법을 실제로 보이면 다음과 같다.

(1) 성조 표기의 예

[[나는]$_{AP}$[아직도]]$_{ip}$ [[외할머니의]$_{AP}$[길게 땋아]$_{AP}$[쪽진 머리를]$_{AP}$
| | | | | | | | | | | | | | | | | |
L Ha L L HL% L H L Ha L H L Ha H H L Ha

[잊을 수가]$_{AP}$[없다]]$_{IP}$
| | | | | |
L H L Ha L L%

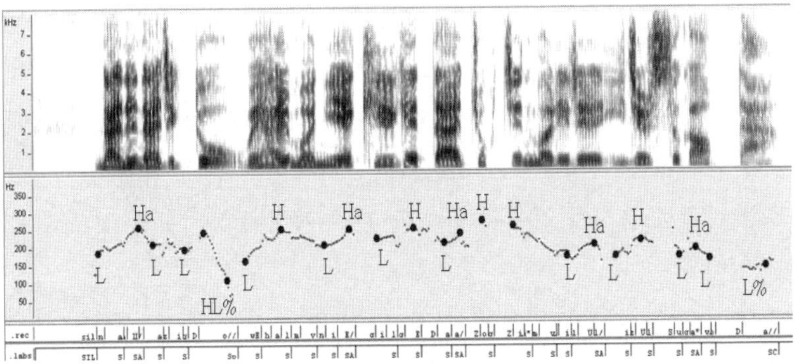

그림 2-4 음높이 목표점에 의한 성조 표기 방법

이러한 음높이 목표점에 의한 성조 배당 방법은 언어 사실로서의 운율 현상이 아니라 실제에 있어서는 성조 표기 방법의 문제로 국한해 볼 수 있다. 그러나 유럽과 미국에서 진행된 운율 연구사를 보면 음성적 성조의 개념을 이해하는 과정에서 이와 같은 성조 배당 방법이 개발된 것임을 염두에 두어야 한다.

한국어에서 이러한 음높이의 목표점(또는 전환점)은 대체로 음절 단위로 나타난다. 그림 2-4에서 볼 수 있듯이, 성조와 음절이 정확히 일대일로 대응되지 않는 5음절의 경우('외할머니의', '쪽진 머리를') 에서조차도 음높이 진행의 목표점들이 음절 중심으로 나타난다. 음높이 목표점의 위치가 음절 단위로 이루어진다는 점은 한국어가 음절 단위로 운율을 형성한다는 사실을 뒷받침해주는 증거라 할 수 있다.

2.3 말소리 리듬의 특성

2.3.1 말소리 리듬의 등시성

발화의 운율은 리듬 구조와 억양 구조를 갖게 된다. 이 가운데 리듬 구조는 등시성(isochrony)과 반복성(cycling)이라는 운율적 속성을 보유한 개념으로 알려졌으며, 리듬 단위는 특정 운율적인 유형이 유사한 시간 간격으로 반복적으로 나타나는 단위로 설명된다. 그런데 한국어의 리듬 특성을 파악하는 데는 학자간에 견해 차가 있다. 그 차이는 주로 음절의 등시성에 대한 견해 차이에서 비롯된 것으로 볼 수 있다.

한국어를 강세 박자 언어(stress-timed rhythm)로 본 견해들은 한국어의 강세 음절이 일정한 시간 간격으로 나타나기 때문에 한국어가 강세를 중심으로 리듬 구조를 형성한다고 보았다. 이현복(1982)에서는 리듬의 단위를 음절보다 높은 차원에서 설정한다고 하며, '말토막'을 한국어 리듬의 기본 단위로 정의하였다. 그리고 음절 중심의 리듬(syllable-timed rhythm)에서는 음절이 동일한 길이를 보유해야 하는데 한국어의 경우는 음절마다 동일한 시간 길이를 갖지 않으므로 한국어는 운율 유형론적으로 음절 중심의 리듬 구조가 아니라고 하였다. 이러한 주장은 이현복(1993), 이호영(1996)에서도 유사하게 유지된다. 특히 이현복(1993)는 강세간 음절 수의 증가에 따른 분절음의 길이를 측정하여 한국어의 리듬 현상 중 길이(duration)의 모습을 파악하고자 하였다. 그 결과 젊은층과 장년층 모두에서 음절 수가 늘어나면서 말토막의 길이가 일정하게 늘어나는 모습을 관찰하였다. 그런데 음절 수에 따른 말토막의 길이가 증가하는 양상은 비례적인 면에서 차이가 있다고 언급하면서, 젊은층의 리듬은 음절 박자 언어에 가까운 모습을 나타내는 것에 반해 장년층은 강세 박자 언어의 성격을 나타내고 있다고 분석하였다.

한편 이현복(1993)의 실험과 비슷한 방법의 실험을 통해서 유사한 결과를 얻은 정명숙・신지영(2000)에서는 유사한 양상에 대하여 다른 해석을 하였다. 정명숙・신지영(2000)에서는 한국어 운율의 유형적 분류를 시도하기 위해 한국어의 시간 단위를 규명하는 음성 실험을 시도하였는데, 음성 실험은 동일한 위치의 운율 단위(강세구)에 포함된 음절 수를 계속적으로 늘이면서 진행되었다. 그 결과 음절 수가 늘어날수록 상위 운율 단위의 시간이 일정하게 늘어난다는 경향을 확인하였다. 또한 다양한 음절 구조를 대상으로 하여서도 동일한 현상이 나타나므로, 이러한 현상으로 인해 강세구의 시간 길이 증가는 음절 구조의 종류와 상관 없이 일정하다는 것을 확인하였다. 이 연구에서는 이러한 결과를 토대로 한국어는 음절이 기본적인 시간 단위인 음절 박자 언어임을 주장하였다. 지민제(1993)에서도 한국어가 음절 박자 언어의 경향이 있음을 제시하였다.

유사한 결과에도 불구하고 서로 견해가 다른 이유는 무엇일까? 그 까닭은 음절 박자 언어의 개념을 이해하는 과정에서 비롯되었다고 추측할 수밖에 없다. 이현복(1982, 1993)에서는 리듬 구조의 속성 가운데 '등시성'을 절대적인 시간 개념으로 파악하였고, 정명숙·신지영(2000)은 음절의 등시성보다 하위 운율 단위인 음절이 상위 운율 단위를 형성하는 데에 시간적으로 밀접한 상관성을 유지하고 있음에 주목한 결과이다.

이현복(1982, 1993)의 주장대로 한국어의 음절은 동일한 시간 길이를 갖지 않는다. 그러나 한국어의 음절이 동일한 지속 시간을 갖지 않는다는 근거를 들어 한국어가 음절 박자 언어가 아니라는 주장을 하기에는 논리적 타당성이 더 필요해 보인다. 왜냐하면 범언어적으로 음절 길이는 음절 구조, 다시 말해 음절을 구성하는 분절음의 수와 음절을 구성하는 분절음 종류, 선후행 분절음의 영향으로 인해서 달라지기 때문이다. 음절 길이 형성에 관한 이러한 속성을 생각하면 어떠한 언어도 발화에서 동일한 음절 길이로 나타날 수 없으며 실제 언어 사실에서도 그러하다. 음절 수 증가에 따른 상위 단위의 시간 길이를 언어별로 비교한 그림 2-5를 보자.

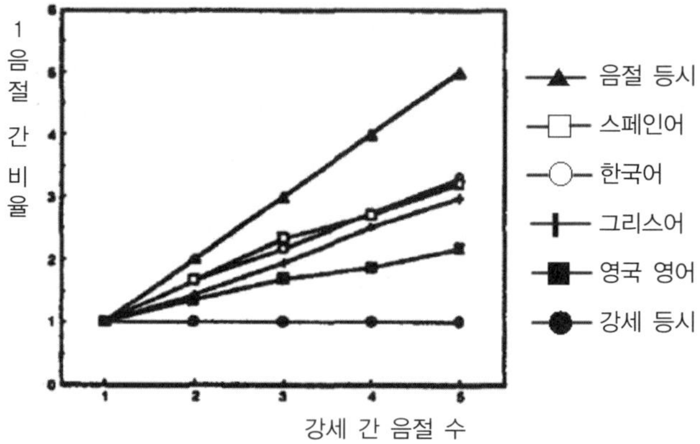

그림 2-5 언어별 리듬 단위 내 음절 수에 따른 음절 길이의 비율 비교(지민제, 1993)

이현복(1993)에서 지적하였듯이, 실제로 강세 박자 언어이든 음절 박자 언어이든 음절 수가 증가하면 해당 리듬 단위의 시간이 일정하게 증가하는 것을 확인할 수 있다. 또한 강세가 일정한 시간 간격으로 실현된다는 강세 박자 언어에서도 강세 등시는 지켜지지 않았으며, 음절이 일정한 시간 간격으로 실현된다고 이해한 음절 박자 언어에서도 음절의 등시성은 지켜지지 않았다. 강세 박자 언어이든 음절 박자 언어이든 각 언어는 음절 수가 증가함에 따른 상위 단위의 시간 길이도 증가하는데, 그 증가 정도에서 차이가 날 뿐이다. 대체적으로 음절 박자 언어가 강세 박자 언어보다 음절 수가 증가함에 따른 상위 리듬 단위의 시간적인 증가 비율 정도가 좀 더 크게 나타나서, 음절 박자 언어로 분류되는 언어에서 음절 수가 상위 운율 단위의 시간 구조를 형성하는 데 보다 큰 관련을 맺고 있음을 알 수 있다.

한편 강세 박자 언어이든 음절 박자 언어이든 음절 수가 증가하면 상위 단위의 길이가 일정하게 증가한다는 사실의 근거로, Dauer(1983)는 언어 유형 분류를 강세 박자 언어와 음절 박자 언어로 나누는 이분법적 분류에서 벗어나야 함을 지적하였다. 그리고 '강세 기반(stress-based)'이라는 용어를 사용해 강세 박자 언어와 음절 박자 언어 간의 점진적인 분류를 시도하였다(성철재, 1994:24~25). 이 이론에 의하면 모든 언어는 강세를 기반으로 하고 있으며, 기반의 정도성에서 언어별로 차이가 있다는 것이다.

(2) 강세 기반에 따른 언어별 정도성

. . . . → 강세 기반(stress based)

일본어 프랑스어 스페인어 그리스어 포르투갈어 영어

이러한 점을 통해서 우리는 음절이 동일한 시간 길이를 갖는다는 개념으로 음절 박자 언어를 이해하기에는 무리가 있음을 알 수 있다. 음절이 리듬을 구성하는 기본적인 시간 단위의 지위를 차지하는 음절 박자 언어가 음절마다 등가의 시간을 갖고 실현되는 것이 아니라면, 우리는 음절 박자 언어를 어떻게 정의해야 할까? 그보다 먼저 한국어의 운율 유형은 무엇일까? 리듬의 속성인 '등시성'을 다시 논의해 볼 필요가 있다.

강세 박자 언어와 음절 박자 언어 모두에서 음절의 길이가 일정하지 않다는 점과 음절 수가 증가한 만큼 상위 리듬 단위의 시간 길이가 증가한다는 점에서 '등시성'의 개념을 물리적 길이에서 벗어나 심리적 길이로 이해할 필요가 있다.

이와 같은 음절의 시간 길이적인 속성을 인식한 Lehiste(1977:253~263)에서는 리듬의 등시성을 '청자의 측면에서 파악되는 주관적인 시간 길이'라고 하여, '등시성'의 등시성 개념을 '청자 측면'과 '주관적 시간 길이'로 이해하였다. 그러나 대부분의 운율 요소가 상대적인 속성을 가진다는 점을 상기하면 Lehste(1977)의 '주관적인 시간 길이'라는 점은 수용 가능하지만, 리듬 판단을 액센트 판단과 같은 궤에 놓고 '청자 측면'으로 이해하는 방법에는 무리가 있는 것으로 생각된다.

예를 들어 생각해 보자. 리듬 형성 방법이나 액센트 부과 방법이나 모두 언어 습득 과정에서 습득된 해당 언어 집단의 언어적 습관이라는 점과 화자가 실현시킨 다음에 청자가 지각한다는 점에서 이들은 동일하다. 그러나 리듬에 비해서 액센트는 전달하고자 하는 정보 구조에 따라 화자가 조절 가능하고 또한 조절의 방법이 용이하다.

그것은 의사소통의 메카니즘상 청자의 측면에서는 화자가 청자의 인지 과정을 배려한 것으로 이해될 수도 있으며 화자의 측면에서는 보다 효과적인 의미 전달을 위해 발화한 것으로 이해될 수도 있다. 다시 말해서 액센트는 화자가 임의대로 조절해 산출해 낼 수 있는 언어적인 요소이다. 그러나 언어별로 리듬을 형성하는 방법에 차이가 있지만 보편적으로 리듬은 거의 무의식적으로 생성된다. 그리고 의사소통 과정에서 화자와 청자 모두는 액센트를 적극적으로 이용하는 반면에 리듬의 변화는 의사소통 과정에서 적극적으로 이용되지 않는다. 결국 액센트와 리듬은 모두 언어 습득 과정에서 얻어진 해당 언어 집단의 언어적인 습관이지만 임의성이라는 속성에서 그 차이를 볼 수 있다. 이런 점에서 리듬의 '등시성'을 청자의 측면에서 판단해야 한다는 주장은 합리적이라고 보기 어렵고 리듬 산출의 측면, 즉 화자 측면에서 판단해야 한다.

'등시성'에 대한 주관적 길이나 심리적 길이의 개념은 코민스와 포트(Commnins and Port, 1998)에서 '상대적인 시간적 안정성'으로 구체화된다(김희성 외, 2007). 코민스와 포트는 강세 박자 언어인 영어를 분석 대상으로 하여 강세간 시간 길이가 일정하지 않다는 점을 이해하고 설명하기 위한 시도였다. 이 연구에서는 리듬 속성인 '등시성'을 음절이 상위 운율 단위를 형성하는 과정에서 경험하는 '상대적인 시간적 안정성'으로 이해하고, 리듬이란 강세 음절이 시간 조직에서 일정 시간에 정렬되는 시간적 대응의 운율 단위로 정의하였다. 비록 강세 박자 언어를 대상으로 한 연구이지만 '시간 구조에서 일정 시간에 정렬되는 시간적 대응 방법'이라는 개념은 음절 박자 언어를 이해하는 데도 유용하다. 시간적 대응 방법이라는 설명은 '등시성'을 심리적 길이로 본 결과이며, 화자 측면의 관점에 의한 것이기 때문이다.

그러므로 한국어 음절의 등시성을 논의하는 과정에서 언급된 리듬의 등시성을 음절 길이의 등시로 보는 견해는 옳지 않으며 음절이 모여 형성된 상위 운율 단위의 시간 간격으로 보는 것이 합당하다.

아래 자료 표 2-1을 보자. 한국어 음성 자료에서 2음절 강세구, 3음절 강세구, 4음절 강세구의 전체 시간 길이 및 음절별 시간 길이의 평균 값을 측정한 것이다.

표 2-1 음절 수에 따른 강세구 평균 길이 비교

	2음절 강세구	3음절 강세구	4음절 강세구
강세구 평균 길이	360(ms)	425(ms)	477(ms)
음절 평균 길이	180(ms)	141.6(ms)	119.3(ms)
강세구 시간 길이의 상대적 비율	2	2.36	2.65

강세구 내 음절 수에 따라 전반적으로 음절의 시간 길이가 줄어드

는 경우를 확인하였다. 그에 따라 강세구의 상대적인 시간 길이가 음절 수만큼 길어지는 것은 아님을 알 수 있다. 이러한 사실은 리듬 구조 내에서 이루어지는 음절의 자율적인 시간 조정 현상으로 이해할 수 있다. 그러한 확인을 통해서 한국어의 경우에서는 시간 구조에서 일정 시간에 정렬되는 시간적 대응 방법을 강세구 내 음절의 자율적인 시간 조정 현상으로 파악할 수 있다. 결국 하나의 리듬 단위 안에서 음절 간 시간 조정이 일어나는 것이다.

2.3.2 말소리 리듬의 반복성

리듬의 두 가지 속성 가운데 '등시성'이란 개념이 음절이 상위 운율 단위를 형성하는 과정에서 경험하는 '상대적인 시간적 안정성'으로 이해하면, 한국어에서는 강세구 내에서 음절간의 자율적인 시간 조정 현상으로 이해될 수 있음을 살펴보았다. 다음으로는 리듬의 다른 속성인 '반복성'에 대해 살펴보기로 한다. 한국어 리듬의 등시성에 대한 논의는 다양하게 이루어졌음에도 불구하고 반복성에 대한 논의는 그렇지 않은 것으로 보인다. 그것은 한국어의 리듬 유형이 강세 박자 언어인지 음절 박자 언어인지를 논의하는 과정에서 등시성에 대한 증명을 주로 하였기 때문이다. 그러나 시간적인 측면이 리듬의 특성이듯이 어떤 패턴이 반복되어 나타나는 속성 또한 리듬의 중요한 특성이다.

리듬의 속성 가운데 반복성을 제외시키고 등시성으로만 논의할 경우 강세 박자 언어와 음절 박자 언어의 이분법적 구분은 불합리하며, Dauer(1983)의 견해처럼 언어 유형을 점진적으로 파악할 수밖에 없다. 결국 리듬은 시간적 속성과 더불어 반복적 속성으로 이해될 필요가 있으며, 한국어 리듬에서 반복되는 속성은 무엇인지를 살펴볼 필요가 있다.

반복적 속성으로 강세 박자 언어를 이해하면, 강세 박자 언어의 리듬은 '하나의 강세 음절과 비강세 음절의 연속'이라는 패턴이 반복해서 나타난다. 다시 말하면 하나의 리듬 단위는 하나의 강세 음절과 다수의 비강세 음절들로 이루어지며, 매 강세마다 비슷한 시간 길이로 나타난다는 것을 의미한다.

따라서 강세 박자 언어의 '강세'는 상대적 등시성을 보유한 언어 요소이자 반복되는 언어 요소이다. 그러나 한국어를 음절 박자로 보았을 경우 '음절'이 패턴화된 반복으로 보기에는 무리가 있다. 리듬 하나에 강세가 하나씩 오는 강세 박자 언어의 개념처럼 음절이 리듬당 하나씩 오는 것이 아니기 때문이다. 그보다는 음절들이 모여 일정하게 반복되는 속성이 무엇인지를 살펴야 한국어 리듬의 양상을 논의할 수 있을 것이다.

한국어에서는 강세구가 리듬 단위라는 점에는 학자간 이견이 없으므로, 강세구의 운율적 특징과 관련하여 설명하는 것이 효율적일 것이다. 우선 Jun(2000)에 의하면 성조는 각 음절당 배당된다. 그리고 음절들은 그룹을 이루어 강세구를 이룬다. 그럴 경우 음절들이 그룹을 이루는 연결고리는 성조 연쇄이다. 그러한 성조 연쇄는 일정한 패턴을 보였기 때문에, 이미 Jun(2000)에서 14개의 성조 유형으로 일반화시킨 바가 있었다. 따라서 우리는 강세구로 나타나는 한국어 리듬의 반복성을 성조 연쇄 패턴의 반복으로 이해할 수밖에 없다.

강세구를 리듬 단위로서, 리듬 형성의 반복적 속성을 성조들의 일정한 연쇄 유형으로 이해할 경우 음절과 성조가 일대일로 연결되지 않는 몇 가지 예들을 설명할 수 있게 된다. 우선 음절 수에 따른 강세구의 성조 실현 양상을 살펴보자.

(3) 음절 수에 따른 강세구 성조 실현 양상

가. 1음절 강세구

σ_1

T Ha

나. 2음절 강세구

σ_1 σ_2

T Ha

다. 3음절 강세구

σ_1 σ_2 σ_3

T (H)(L) Ha

라. 4음절 강세구

σ_1 σ_2 σ_3 σ_4

T H L Ha

마. 5음절 강세구

σ_1 σ_2 σ_3 σ_4 σ_5

T H L Ha

바. 6음절 강세구

σ_1 σ_2 σ_3 σ_4 σ_5 σ_6

T H L Ha

사. 7음절(이상) 강세구

σ_1 σ_2 σ_3 σ_4 σ_5 σ_6 σ_7

T H L Ha

음절 수에 따른 강세구의 성조 실현 양상을 통해 강세구는 'THLHa' 성조 연쇄 유형이 반복되는 단위임이 확인된다. 이 점은 특히 5음절 이상으로 구성된 강세구에서도 'THLHa'의 성조 연쇄 유형이 실현된다는 점에서 설득력이 있다.

이러한 한국어 리듬의 특성을 대표적인 강세 박자 언어인 영어의 경우와 비교해 보면 다음과 같이 정리할 수 있다.

표 2-2 한국어와 영어 리듬의 특성 비교

언어	리듬 구성 단위	리듬의 반복적 속성	반복성을 이루는 패턴화
영어	음절	강세(음절) 반복	하나의 강세 음절과 인접한 비강세 음절의 연쇄
한국어	음절	성조 연쇄 유형 반복	성조들의 유형화된 연쇄

요약하면, 한국어의 리듬 단위는 강세구이며, 강세구를 구성하는 음절은 리듬 형성의 시간 단위라 할 수 있다. 시간 단위인 음절들이 선적으로 나열되면서 일정한 성조 연쇄 유형에 의해 그룹화되고 패턴화되어 리듬을 형성하는 것으로 이해할 수 있다.

2.4 휴지의 음운론적 역할

2.4.1 휴지의 개념

일반적으로 발화 과정에서 발생하는 휴지는, 발화를 계속 유지하기 위해 짧은 호흡을 하는 생리적 활동으로 알려져 있다. 즉 휴지는 소리를 내지 않는 과정이나 시간적인 구간을 의미한다. 그러나 말소리가 존재하지 않는 구간이라고 해서 언어적 기능을 담당하지 않는 것은 아니다. 의사소통 과정에서 분절음이 담당하지 못하는 역할을 오히려 휴지가 담당하는 것으로 보인다. 특히 담화상의 다양한 기능에 대한 논의로 확대되는 등 운율 요소인 휴지의 언어적 또는 준언어적 기능들이 꾸준히 거론되고 있다.

Laver(1994)에서는 휴지를 '묵음의 휴지(a silent pause)'와 '채워진 휴지(a filled pause)'로 구분하였다. 전자는 일반적으로 조음되지 않은 구간을 의미하며, 후자는 대화 중 말차례를 바꾸는 과정이나 주저거림 등에서 '어..., 음...'과 같이 비언어적 요소들이 개재된 경우의 휴지, 화자와 청자가 서로 발화의 순서를 교체하는 순간에 발생한 휴지를 의미하기도 한다. 다시 말해 전자는 하나의 발화가 완성되기 전에 특정 운율 단위 경계에서 실현된 휴지를 의미한다. 그리고 후자는 담화 상황에서 완결된 발화와 발화 사이에 개입되는 담화적 휴지를 의미하며 주로 담화 연구의 대상이 되었다.

이 가운데에서도 음운론적 측면과 형태·통사론적 설명 과정에서 운율적인 휴지가 담당하는 역할이 자주 논의되었다. 음운론적 접근에서는 운율구 경계를 가르는 표지, 음운론적 단어의 설정 근거, 음운 규칙의 최대 적용 범위 등을 휴지의 언어적 역할로 논의하였다. 휴지 역할에 대한 연구는 형태·통사론쪽에서 보다 심도 있게 다루어졌는데, 통사 구조의 긴밀성 정도를 운율 구조에서 찾기도 하였으며 휴지의 실현을 단어를 규정하는 하나의 근거로 보거나 합성어의 내적 경계를 나타내는 표지가 된다고 보았기 때문이다. 이러한 논의들은 휴지를 운율구 경계 표지로 보거나, 형태론적 측면에서 '잠재 휴지'의 개념을 이용하기도 하였다. '잠재 휴지'의 개념은 일반적으로 휴지가 올 위치가 아니지만 발화에서 충분히 휴지가 실현될 수 있는 위치를 말한다. 그러나 휴지가 올 위치가 아니라는 전제는 형태·통사적 구조를 바탕으로 한 것이기 때문에 '잠재 휴지'라는 용어는 순전한 음운론적 술어라고 보기 어렵다. 연구자에 따라서는 '잠재적 휴지, 가휴지, 내적 휴지, 기저 휴지, 임시 휴지' 등으로 사용하고 있으나 그것은 발화에서 운율적인 휴지로 실현된 것이 아닌 형태소 구분에 의해 가정된 휴지이다.

2.4.2 휴지의 운율적 실현 양상

안병섭(2007가)에서는 휴지의 운율적 실현 양상을 살펴보기 위해 남녀 아나운서가 각각 발화한 낭독 음성 자료 가운데 임의의 100문장을 대상으로 하여, 실현된 운율구들의 수, 휴지가 실현된 수, 휴지 구간의 평균 지속시간을 측정하였다. 그 분석 결과는 다음과 같다.

표 2-3 운율구 경계에서의 휴지 실현 양상 비교

운율구 / 화자	강세구			억양구		
	강세구 경계 수	휴지가 실현된 수	휴지 구간 평균 지속시간	억양구 경계 수	휴지가 실현된 수	휴지 구간 평균 지속시간
화자1 (남성)	774	2 (0.25%)	45 m/s	368	354 (96.2%)	352 m/s
화자2 (여성)	497	2 (0.40%)	27 m/s	243	217 (89.3%)	372 m.s

분석 결과, 화자 1과 화자 2에서 모두 약 두 배의 비율로 강세구 경계 수가 억양구 경계 수보다 많았다. 강세구 경계에서 휴지가 실현된 빈도는 화자 1, 2 모두에게서 2개씩으로 전체 강세구 가운데 차지하는 비율이 각각 0.25%와 0.40%에 불과했다. 다시 말해 휴지 없이 실현된 강세구 경계는 각각 99.75%, 99.60%로서, 강세구 경계에서 휴지가 실현되는 것은 일반적인 현상이 아님을 알 수 있다. 실현된 휴지의 평균 지속시간도 매우 짧아 특별한 언어적 기능을 갖는다고 보기 어렵다.

이와는 반대로 억양구 경계에서 휴지가 실현된 빈도는 화자 1에서는 354개(96.2%), 화자 2에서는 217개(89.3%)이다. 결국 억양구에서 휴지가 실현되지 않은 수는 각각 14개(3.8%), 26개(10.7%)로, 억양구 경계는 휴지를 일반적으로 동반한다고 할 수 있다.

결국, 강세구 경계에서는 휴지가 실현되지 않는 것이 일반적이며 억양구 경계에서는 휴지가 실현되는 것이 일반적이라는 사실을 알 수 있었다.

2.4.3 휴지의 음운론적 역할에 대한 검토

2.4.3.1 운율 경계 표지

생성 이론에서는 표면의 운율 구조가 통사 구조를 기저로 해서 생성되는 것으로 이해되었다. 따라서 운율 구조 연구는 음운론과 통사론의 연결점을 연구하는 분야로 생각되었다. 운율 구조와 통사 구조와의 관련성을 살피기 위해선 통사적인 구와 대응되는 운율구에 대한 연구가 먼저 주목을 받았다. 운율구 연구는 곧 각 운율구 경계에 대한 연구와 연결되는데, 이러한 과정에서 휴지가 운율 단위들의 경계를 짓는 표지로서의 역할을 담당하는 것으로 논의되었다.

휴지가 운율 경계 표지의 역할을 담당한다는 논의는 한국어 운율 단위에 대한 실체가 제대로 파악되지 않은 초창기 운율 연구로부터 시작하여 운율 구조에 대한 대체적인 윤곽이 드러난 1990년대 이후로 이어졌으다. 그러나 대부분의 연구가 운율구를 계층적으로 세분화하여 휴지의 기능을 살피지 못하였다는 한계를 지적받았다. 다만 운율 단위를 운율구로 통칭하고, 운율구 경계에서 휴지가 실현된다고 설명하고 있어 분석적인 연구라고 보기에는 한계가 있었다. 운율 단위의 층위를 인식하고 그에 따라 실현되는 휴지의 특징을 언급한 연구는 이호영(1996:195)에서 시도된 바 있는데, 말토막 경계에서는 짧은 휴지가, 말마디 경계에서는 긴 휴지가 실현된다고 보았다. 그러나 우리가 앞에서 살펴보았듯이 모든 운율구에서 휴지가 실현되는 것이 아니라 억양구 경계에서 휴지가 실현되는 것이 일반적이다. 따라서 말토막이 강세구의 크기와 유사하고 말마디가 억양구 크기와 유사하다는 점을 고려하면, 이호영(1996)의 논의도 실제 언어 사실과 견주었을 때 부합되지 않은 점이 있어 이론적 분석 안에 머물렀음을 알 수 있다.

휴지가 운율 경계의 표지라는 논의와 관련하여, 운율 구조상 형태론적 단어와 일치하지 않는 음운론적 단어 설정의 필요성이 꾸준히 제기되었다. 음운론적 단어는 운율 구조가 문법 구조와 일치하지 않는 하나의 예라는 점에서 연구자들의 주목을 받아 왔다. 이러한 논의들은 휴지가 운율 단위 경계 표지의 역할을 하고 있다는 전제를 받아들여 음운론적 단어도 휴지의 실현을 기준으로 설정하기에 이른다.

이러한 논의들은 공통적으로 운율 단위의 차이가 곧 화자의 형태 인식 차이에서 비롯되었다고 보았다. 그러나 앞에서 분석한 결과에 의지한다면 한국어에서 휴지는 강세구 이하 하위 운율 단위에서는 일반적으로 실현되지 않는다. 그 예로 다음의 음성 분석 자료를 보자.

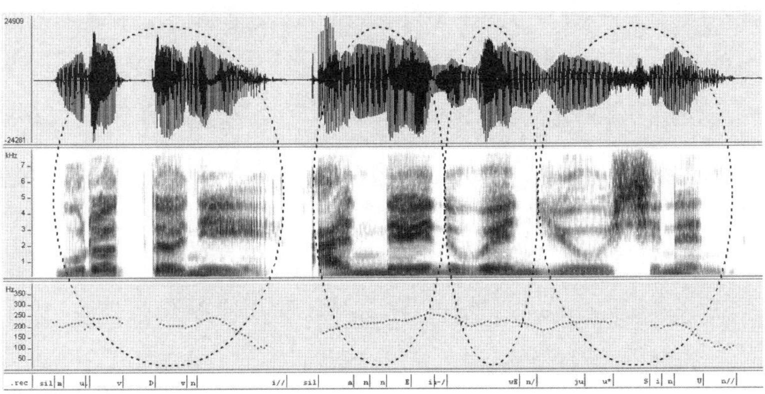

그림 2-6 운율구 실현 양상 1: '물었더니 // 안내인 / 웬 / 유우씨는 //'

그림 2-6에서 '물었더니' 다음에 억양구 경계가 형성되고 휴지가 실현되었다. 그러나 강세구 경계인 '안내인', '웬' 다음에는 휴지가 실현되지 않았다.

그림 2-7에서도 마찬가지로 하나의 단어가 두 개의 강세구로 나누

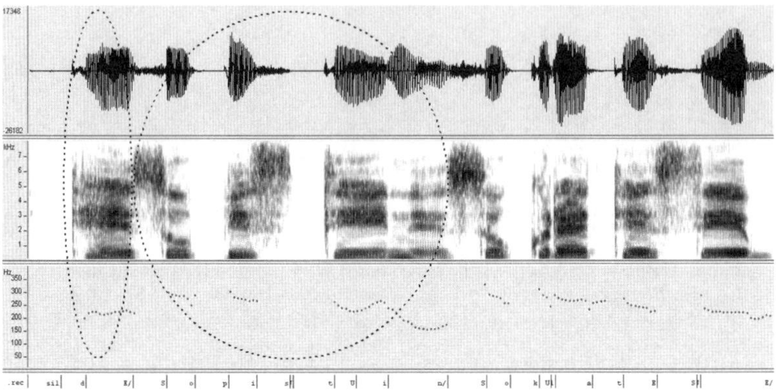

그림 2-7 운율구 실현 양상 2: '대/소피스트인/ 소크라테스의/'

어진 '대'와 '소피스트인' 사이에 휴지는 실현되지 않는다. 휴지는 실현되지 않았지만 분명 우리는 '대'와 '소피스트' 사이에 운율적인 경계가 있음을 분명히 알 수 있다. 그렇다면 선행 연구들에서 휴지가 실현되는 것으로 믿어 왔던 형태소 및 단어 경계, 음운론적 단어 경계, 강세구 경계에서 지각된 청각적 단절의 음성적 실체는 무엇일까?

우선 청각적 단절과 관련해서는 휴지가 아닌 다른 운율적 요소가 간섭된 것으로 추측된다. 여러 운율 요소를 고려해 볼 수 있겠지만 하나의 단어가 두 개의 강세구로 발화되는 경우, 두 개의 강세구는 성조 유형(tone pattern)을 달리 한다는 점을 우선 생각해 볼 수 있다. 성조 유형은 모국어 화자들이 자연스럽게 습득한 음높이의 연결체이다. 익숙한 음높이 연결체들이 하나의 리듬 단위를 이루며 운율 단위에서는 보통 강세구로 나타난다. 성조 유형을 형성하는 음높이 연결은 음정처럼 절대적인 주파수 값이 주어지는 것이 아니라 선후행 성조와의 연결에서 상대적으로 주어진다. 결국 성조 유형을 달리한 것은 성조 연결 과정에서 단층과 같이 끊어진 부분을 둔다는 의미이기도 하다. 이와 반대로 두 개의 단어가 하나의 강세구로 발화되는 예들은 서로 다른 성조 유형으로 발화되어야 할 것이 하나의 성조 유형으로 묶여지면서 두 단어 사이에 존재했던 형태적 경계가 운율적으로 무너진 경우라고 할 수 있겠다.

2.4.3.2 음운 규칙의 최대 적용 범위

이현복(1974)에서는 말토막이 음운론적 구(phonological phrase)의 특성을 가진다고 주장한 바 있으며, Cho(1987) 및 Kang(1993)에서도 여러 음운 규칙을 예로 들어 음운론적 구의 필요성을 제기하였다. 유필재(1994)에서도 음운론적 구를 형성하는 원리는 기본적으로 발화의 의미를 보다 효과적으로 전달하기 위해 의미적으로 결속된 부분들을 하나로 묶어내는 것인데 이를 휴지가 담당하는 것으로 설명하고 있다. 김선철(1996)에서도 음운론적 구 설정의 필요성을 제시하고, 그 근거로써 평장애음의 유성음화 현상의 적용 영역을 제시한 바 있다.

그러나 음운론적 구가 담당하는 것으로 여겨왔던 그러한 역할들을 한국어에서는 강세구 및 억양구가 담당하는 것으로 밝혀지면서 음운론적 구 설정의 필요성에 대한 강한 회의를 갖기 시작했다. Jun(1993)에서는 장애음 뒤 경음화 현상과 평자음의 유성음화 현상은 강세구를 적용 범위로 하며, 장애음의 비음화 현상은 억양구를 그 범위로 한다고 주장한 바 있고, 신지영(1999)에서도 장애음 뒤 경음화 현상은 운율 단위에 민감한 음운 규칙으로 강세구가 그 적용 영역임을 제시하였다. 한국어 음운 규칙의 적용 영역에 대한 종합적 논의는 신지영 · 차재은(2003)에서 이루어졌는데, 이 연구에서는 음운론적 단어, 강세구, 억양구에 따라 각 음운 규칙들의 적용 여부를 면밀히 검토하여 음운 규칙들은 각 운율 단위에 따라 적용 범위가 정해져 있음을 밝혔다. 결국 신지영 · 차재은(2003)의 결과라면, 휴지가 음운 규칙의 최대 범위라는 기존 논의들은 잉여적인 사실을 밝힌 것에 불과하다. 휴지는 억양구에서 실현되므로, 휴지를 넘어서는 어떠한 음운 규칙도 적용되지 않는다는 설명은 곧 모든 음운 규칙은 억양구 경계를 건너뛰어서 적용되지 않는다는 말과 다르지 않다.

이밖에도 휴지가 형태 및 단어 경계 표지라는 논의가 있었다. 휴지가 형태소 경계 표지의 역할을 한다는 주장 또한 휴지가 운율구 경계 표지의 역할을 한다는 점을 전제로 진행된 논의이다. 김성규(1999)에서는 잠재 휴지라는 개념을 이용하여 형태소 앞뒤에 휴지가 실현될 수 있는 부류를 밝히고 있다. 이를 통하여 형태론에서 말하는 단어 정의 방법과 다른 접근으로, 형태소 부류별 잠재 휴지의 실현 여부로 단어를 분류할 수 있는 방법도 있을 수 있다고 언급하고 있다. 검토 방법에 대한 한 예를 보이면 다음과 같다.

(4) 잠재 휴지의 실현 가능성 검토(김성규 1999)

가. (+)오늘(+)(-)은(+)(+)2(+)(-)학년(+)(-)이(+)(+)되(-)(-)어서(+)(+)처음(+)(+)학교(+) (-)에(+)(+)가(-)(+)는(+)(+)날(-)(-)이(ㅂ니다(+)

나. (#)오늘은(#)2학년이(#)되어서(#)처음(#)학교에(#)가는(#)날입니다(#)

위 문장에 (+)는 잠재적 휴지가 실현될 수 있는 위치를, (-)는 휴지가 실현될 수 없는 위치를 의미한다. (가)는 형태소별로 잠재적 휴지의 실현 가능성을 검토한 것이며, (가)에서 (+)(+)가 오는 위치를 잠재적 휴지가 음성적으로 실현되는 위치로 보아 (나)에서 (#)로 표시하여 정리하였다.

그러나 이러한 잠재 휴지의 실현 가능성에 대한 검토가 구어 분석에 적용될 수 있을지는 의문이다. 논문에서는 (+)가 위치하는 곳이 잠재 휴지가 존재하는 위치라고 설명하였으나, (+)와 (−) 값을 상정한 기준이 철저하게 형태소의 자립성 여부에 근거한 것으로 보이기 때문이다. 또한 휴지가 실현된다는 위치들을 보면, 가령 '가는 날입니다'와 같은 경우에 일상 발화에서 '가는'과 '날입니다' 사이에 휴지를 실현시키는 것이 자연스러운 것인지도 의문이다. 물론 의도적으로 또박또박 발화할 경우는 가능할 수도 있겠으나, 적어도 연구 대상이 음성·음운론적 요소일 때는 자연스런 발화체를 대상으로 설명되어야 한다. 의도적으로 발화된 자료를 근거로 설명할 경우 일반적인 언어 사실과 다른 잘못된 결과를 도출할 수 있기 때문이다. 형태소의 자립성을 기준으로 위와 같이 휴지 실현 위치를 점검하는 방법은 다음과 같은 명사 구의 경우를 접하면 설명하기 어려워진다.

(5) 병역 비리 사건

(5)의 구 구성에 참여한 명사들은 모두 자립성을 가졌으므로 (4)의 방법대로라면 '병역(+)(+)비리(+)(+)사건'으로 분석된다. 이것은 또한 단어의 전통적인 정의 방법과도 일치한다. (+)(+)가 위치하는 곳은 곧 휴지가 실현되는 위치라고 보았으므로 명사들 사이에서는 휴지가 와야 하나, 이러한 발화가 실제 언어 생활에서도 가능한 것인지는 의문이다. 오히려 휴지 개입 없이 발화하는 것이 자연스럽다. 물론 명사들 사이에는 운율적 단절이 올 수 있으나 그것은 휴지가 아니라 강세구 경계일 것이 분명하다. 휴지의 운율적 실현 양상에서 보았듯이 강세구 경계에는 일반적으로 휴지가 실현되지 않는다. 따라서 (5)의 발화를 하나의 강세구 '병역 비리 사건'으로 발화하든, '병역 비

리/ 사건' 또는 '병역/ 비리 사건'으로 발화하든 운율 경계 사이에서 휴지가 실현되지 않는다.

형태소 경계 표지라는 휴지의 역할과 이어지는 논의로, 휴지를 합성어 내부 경계의 표지로 보는 견해가 있다. 이 견해에 따르면 합성어 내부는 언제나 잠재 휴지가 실현되며, 그것은 곧 화자가 합성어 내부의 형태소 경계를 인식하고 그것을 휴지로 발현시킨다는 것이다. 합성어와 구 판별 과정에서도 휴지는 음성·음운론적 기준으로 거론되어 왔다. 전통적으로 단어와 구 판별에서 개방 연접은 음운론적 기준에 해당된다. 이 외의 음운론적 기준으로는 강세의 차이나 음장의 차이가 거론되기도 한다. 한편 형태·통사론적 기준으로는 분리성, 구성 성분의 배열 순서 교체 가능성, 내적 확장성 등이 있으며 의미론적 기준으로는 의미의 특수화 등이 있다.

(6) 합성어 / 구

가. 큰형 / 큰 형

나. 작은집 / 작은 집

다. 올라가다 / 올라 가다

(6)의 예에서 전자는 합성어이고, 후자는 구 구성이다. 전자는 내부가 폐쇄 연접이므로 휴지를 둘 수 없으나 개방 연접인 후자의 경우는 두 단어 사이에 휴지를 둘 수 있는 것으로 설명된다. 그러나 우리가 실제 언어 생활에서 이 둘을 구분하여 발화하는지는 의문이다. 구분해 발화한다면 구성 성분 사이에는 강세구 경계가 실현될 것이다. 물론 의식적으로 또박또박 발화할 경우를 전제로 한다면 (6)의 설명이 가능할 수도 있다. 그러나 그것은 언어 연구의 본질이 아닐 것이다.

따라서 합성어 내부 경계에 휴지가 온다는 주장과, 화자의 인식에 담겨 있는 단어 정보의 일부로 파악한 합성어 내부 경계의 음운론적 위상에 대한 설명들은 언어 실제와 일치하지 않은 추상적인 설명이라는 한계를 내포하고 있거나 음성 자료를 분석하는 과정에서 주관적 방법을 사용한 데에서 기인한 것으로 생각된다.

3장 한국어 운율 단위와 계층 구조

한국어 운율 구조 및 운율 단위에 대한 연구는 1970년대부터 시작되어 최근 십여 년 동안 상당한 깊이까지 진행되었다. 한국어 운율 구조에 대한 연구는 운율 단위의 논의로부터 시작하여 운율 구조의 계층 관계를 설명하게 된다. 그러한 논의들은 접근 방향에 따라 크게 세 가지로 구별된다. 운율 음운론적 접근 방법과 리듬 중심의 접근 방법, 억양 중심의 접근 방법이 그것이다.

3.1 한국어 운율 구조에 대한 접근 방법

3.1.1 운율 음운론적 접근 방법

이 방법에 의한 운율 단위 고찰은 운율 음운론(Selkirk 1980, Nespor & Vogel 1986)을 수용하면서 시도되었다.[1] 이 접근 방법에 의한 연구들은 운율 단위들을 지칭하는 용어와 개념, 계층 관계에서 약간의 차이를 보이지만 한국어의 운율 및 통사 구조, 운율 단위에 따라 달리 적용되는 음운 현상을 설명하는 과정에서 접어군과 음보 등은 기능적이지 않은 것으로 보고 한국어에는 대체로 다음과 같은 운율 단위들로 운율 구조를 이루고 있음을 보였다.

(1) 운율 음운론에서 제시한 한국어 운율 계층 구조

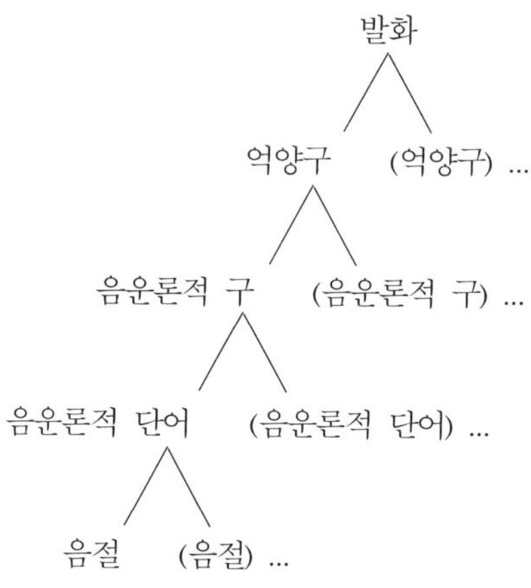

이들 연구는 운율 음운론에서 제시한 운율 구조를 한국어에 적용하는 과정에서 주로 음운 규칙의 적용 단계와 적용 영역을 설명하면서 그 이론적 가능성을 모색하였다. 특히 음운론적 구와 음운론적 단어는 통사 구조와 운율 구조간의 불일치성에 의해 생성된 단위로 보고, 이를 음운론적으로 설명할 수 있는 운율 규칙과 제약을 찾는 데

---

1) 운율 음운론에서 제시한 운율 단위에 입각해 한국어의 운율 구조를 고찰한 연구에는 강옥미(Kang, 1992), 유필재(1994), 최정순(1994), 곽동기(1997, 1999) 등이 있다.

노력을 기울이기도 하였다.

운율 음운론에서 제시한 운율 계층 모형은 운율 구조에 대한 연구의 필요성을 인식한 것으로 볼 수 있으나 통사부를 기저로 설정하고 통사부 이후의 단계를 음운론적으로 설명하고자 하였기 때문에 운율 내적인 연구로는 발전하지 못하였다. 그리고 그러한 접근 방법이 이유가 되어, 많은 부분에서 운율 요소나 운율 단위를 운율 특성으로 설명하기보다는 형태·통사적 구조와의 관계로 설명할 수밖에 없었다는 한계를 지녔다. 이러한 한계는 운율 및 운율 단위의 기능과 역할을 소극적으로 가정한 결과라고 볼 수 있다.

이러한 이유로 인하여 운율 음운론은 음운부와 형태부, 음운부와 통사부의 상호 관련성(interface)을 연구하는 운율 형태론과 운율 통사론이라는 언어학의 하부 영역을 개척하기도 하였다. 주로 접어군 이하를 대상으로 한 연구 성과들이 운율 형태론에 기여를 하게 되고, 음운론적 구 이상을 대상으로 한 연구 성과들이 운율 통사론에 기여하게 된다.

3.1.2 리듬 중심의 접근 방법

운율 음운론에 입각한 한국어 운율 구조에 대한 논의들이 기본적으로 통사 구조를 바탕으로 한 외적 접근이라면 리듬을 바탕으로 접근한 이 방법론은 운율 내적인 접근이라 할 수 있다. 이러한 방법은 운율 외적인 문제를 배제하고 운율 내부 특히 운율의 시간적인 특성인 리듬에 주목한 결과라는 점에서 그 업적을 인정할 수 있을 것이다.[2)]

2) 리듬을 바탕으로 운율 단위를 설정한 연구는 이현복(1973, 1974, 1982)에서 시작되어 성철재(1994), 이호영(1991, 1996)에 이르러 체계를 갖추게 된다.

이 방법에서는 휴지를 기준으로 '말토막' 단위를 설정하고, 그 상위 단위에 기식군의 기능을 하면서 정보 단위를 이루는 '말마디' 단위를 설정하여 리듬을 기준으로 한 운율 구조가 완성된다고 생각하였다. 이러한 접근 방법에서 제시한 한국어의 운율 구조는 다음과 같다.

(2) 리듬 중심의 접근 방법에서 제시한 운율 계층 구조(이호영, 1996)

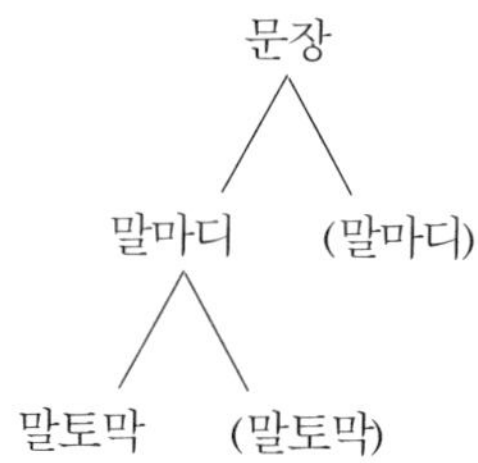

이호영(1996:195～196)에 따르면 끊기에 의해 말토막 경계에는 휴지(pause)가 부과되며, 말토막 경계에 나타나는 휴지는 경계 앞 음절을 장음화시켜서 선행 말토막과 후행 말토막 사이에 억양과 리듬의 끊김을 초래한다고 한다. 말토막과 말마디는 끊김의 길이에 의해 구별되는데, 말토막 경계에서는 짧은 휴지가, 말마디 경계에서는 긴 휴지가 개입된다고 설명한다. 또한 말토막과 말마디는 운율 단위이면서 의미・정보 단위의 기능도 있음을 설명하였고, 특히 말마디에는 핵억양이 실려 문장의 의미를 전달하는 기능을 한다고 보았다.

그러나 말토막은 음절들 사이의 강약 관계로 이루어진 리듬 패턴이 얹히는 리듬 단위로 파악하면서도, 말마디의 운율 특성이나 역할에 대해서는 포괄적으로만 설명할 뿐 구체적으로 설명하지 않고 있다. 리듬은 보통 등시성과 반복성을 그 속성으로 가지는데(성철재,

1994:7~19), 두 속성으로는 하위 단위인 말토막에 대한 리듬 특성을 설명할 수 있지만 보다 상위의 단위인 말마디에 대한 리듬 구조 형성 과정을 설명하기에는 많은 어려움이 있다. 그것은 상위의 운율 단위인 말마디가 주로 어떤 정보 크기를 담고 있는가, 어떤 통사 구조로 전달되는가에 따라 말마디의 길이 및 형성 방법이 달라지기 때문이다. 그러므로 (2)의 구조에서 말토막 단위에 대한 리듬 속성을 제시하였으면서도 말마디의 리듬 속성을 제시하지 못한 이유는 말마디가 등시성과 반복성으로 설명되지 않는 운율 단위이기 때문이다. 결국 말마디는 하나의 억양 곡선이 얹히는 억양 단위일 수는 있어도 리듬 단위라고 판단하기에는 이와 같은 어려움이 있다.

(2)의 운율 계층 이론이 갖는 또 하나의 문제점은 음절이 운율 단위로 설정되지 않았다는 것이다. 음절은 시간 단위이자 강약이나 성조가 얹히는 운율 단위이다. 이 이론에서는 리듬 단위인 말토막은 음절들의 패턴화된 강약 관계가 나타나는 것으로 설명했으므로 음절은 리듬을 형성하는 단위로 인식했다고 볼 수 있다. 그럼에도 불구하고 운율 단위로서의 음절의 기능을 간과하여 운율 계층 구조에 포함시키지 않았다는 점은 (2)의 계층 이론이 가진 한계로 지적될 수 있다.

3.1.3 억양 중심의 접근 방법

한편 억양을 기준으로 한국어의 운율 구조를 파악한 연구는 Jun (1993, 2000), 김선철(1996)에서 시도되었는데, 이 연구들은 억양 음운론에 바탕을 두었지만 한국어 운율의 내재적 특성을 면밀히 관찰하여 한국어의 운율 구조를 파악한 결과들이다. 리듬이 운율을 구성하는 시간 구조적인 특성이 강한 요소라면 억양은 운율을 구성하는 음높이의 완결된 연쇄라는 점에서 억양을 기준으로 운율 구조를 파악한 연구들은 음높이의 변화 과정에 주목하였다. 특히 Jun(1993)의 이론은 한국어의 운율을 보다 합리적으로 전사하는 방안(Jun, 2000)을 마련하는 과정에서 구체화되었다.

(3) 억양 중심 접근 방법에서 제시한 한국어 운율 계층 구조(Jun, 2000)

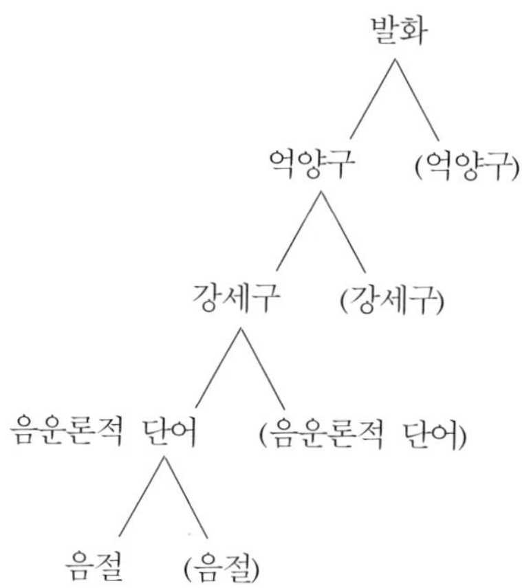

이 운율 모형에 따르면 운율 구조를 이루는 최하위 단위에는 음절이 있으며, 음절이 모여 하나의 음운론적 단어를 형성하고, 하나 이상의 음운론적 단어가 모여 상위 단위인 강세구를 형성한다. 다시 하나 이상의 강세구들로 억양구를 이루며, 하나 이상의 억양구들이 모여 운율 최상위 단위인 발화를 완성한다. 그 과정에서 일정한 성조 유형(tonal pattern)이 반복되는 단위를 강세구로 보았고, 경계 성조로 구분되는 하나의 억양 연쇄 단위를 억양구로 설정하였다. 이 운율 모형은 객관적인 운율 분석 방법이 가능하다는 점에서 현재 한국어 운율 연구에서 널리 받아들여지고 있다.

리듬 중심의 접근 방법에서 제시한 운율 계층 이론과 억양 중심의 접근 방법에서 제시한 운율 계층 이론은 운율 내적인 특성을 고려했다는 점에서 공통적이며, 두 이론에서 상정한 운율 단위들 간의 일치성도 어느 정도 인정된다. 그럼에도 불구하고 두 이론 사이에는 운율 특성의 명시성 측면에서 본질적인 차이를 드러낸다. 리듬은 시간으로 나타나는 소리의 문법적 질서라고 할 수 있다. 이에 비해 억양은 음높이들의 연쇄이지만 그것은 시간적인 배열을 전제로 한다. 결국 억양은 시간과 음높이가 결합된 운율 요소인 셈이다. 따라서 억양을 기준으로 설정된 운율 단위들은 시간적 개념까지 포함하고 있는 데 비하여 리듬 중심의 운율 단위는 운율의 중요한 요소인 음높이 특성을 음 연쇄 과정에서 명시적으로 보여주기가 어렵다.

억양 음운론의 운율 이론에서는 각각의 운율 요소들과 그 운율 요소간의 조합 방법이 전체 의미를 결정한다고 보았기 때문에 운율 단위들은 통사 구조뿐만 아니라 의미·정보 구조와의 연관성에 대한 연구, 각 운율 요소들의 음운론적 역할에 대한 연구 등 운율 연구 전반으로 광범위하게 적용될 수 있다는 장점을 가진다고 할 수 있다. 따라서 운율의 구조나 의미 해석을 목적으로 한다면 리듬 중심의 접근 방법보다는 억양 중심의 접근 방법이 보다 합리적인 방법론이라 하겠다.

3.2 한국어 운율의 객관적 표기 방법

3.2.1 K-ToBI의 표기 규약

미국의 억양 음운론이 억양의 표기 방법을 구체적으로 규약하면서 이론이 점차 완성되었듯이 Jun(1993)에서 제시한 모형은 한국어의 운율 표기 규약(Korean TOne and Break Indices; K-ToBI)을 만드는 과정(Jun, 2000)에서 보다 정교화되었다. 영어나 일본어의 경우도 마찬가지로 억양 음운 이론은 해당 언어의 운율과 억양을 표기하는 규약을 개발하고 음성 언어를 처리하는 과정에서 이론을 더욱 분석적이고 정교하게 발전시켰다. 영어의 운율 표기 규약은 'ToBI'이고, 일본어의 운율 표기 규약은 'J-ToBI'이다.

Jun(2000)은, 억양 음운론을 이론적 바탕으로 한국어 운율 구조 및 특징을 반영하여 한국어에 적합한 운율 표기 규약을 완성하였다. 현재 다수의 한국어 운율 연구자들이 이 표기 규약을 운율 연구에 적용하여 사용하고 있으며, 운율을 객관적이고 일관되게 표기하고 분석하는 데 매우 유용한 것으로 평가받고 있다. Jun(2000)에서 제시한 한국어 운율 위계 및 단위별 운율 특징을 여기에서 개략적으로 소개하기로 한다. 다만 Jun(2000)은 한국어의 운율 위계에 대한 본격적인 연구가 아니라 한국어 억양을 기술하는 방식에 대한 규약임을 염두에 둘 필요가 있다. 따라서 Jun(2000)에서 소개한 억양 기술의 세부적인 규약은 생략하고 운율 위계에서 운율 단위별로 나타나는 운율적인 표지에 대해서만 소개하기로 한다. 2장에서 소개했던 운율 구조 모형을 다시 보자.

서울 지역어의 운율 구조는 억양으로 정의되는 두 가지 운율 단위인 억양구(intonational phrase; IP)와 강세구(accentual phrase; AP)를 가진다. 억양구는 경계 성조(boundary tone, %)와 말음절 장음화(final lengthening)를 경계 표지로 갖는다. 억양구 경계 성조는 억양구 마지막 음절에서 실현되며, 주로 다양한 화용적 의미를 나타낸다. 강세구는 'THLHa'로 표시되는 일정한 양상의 구 성조(phrase tone)를 경계 표지로 갖는 반면 말음절 장음화는 일어나지 않는다.

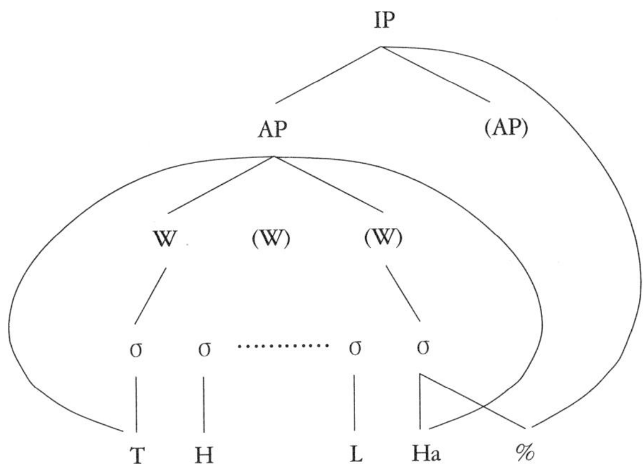

그림 3-1 한국어 운율 단위의 계층 구조(Jun, 2000)

Jun(2000)에서는 강세구의 음운론적 성조형은 'LHa'로 보고 그것이 음성 층위(phonetic tier)에서 최대 'THLHa'로 실현되는 것으로 설명한다. 여기서 문자 'T'는 'tone'의 첫 글자로, 성조를 의미한다. 'T'로 표시된 것은 성조가 그 종류를 구분하지 않고 배당될 수 있는 자리임을 의미한다. 가령 네 음절로 이루어진 강세구의 기본적인 성조 연쇄 유형은 'LHLHa'나 'HHLHa'이다. 그런데 첫 성조는 강세구 첫 음절의 초성에 따라 달라진다. 따라서 네 음절로 이루어진 강세구의 성조 연쇄 유형을 문자 'T'를 사용한다면 'THLHa'로 나타낼 수 있다. 'Ha'의 'a'는 강세구 마지막 성조를 의미한다.

앞의 운율 구조는 성조 배당을 받는 음절(σ)이 운율 위계에서 맨 아래 층위에 위치하고, 음절이 모여 음운론적 단어(W)를 형성하며, 하나 이상의 음운론적 단어가 모여 강세구(AP)를 형성하며, 하나 이상의 강세구가 모여 억양구(IP)를 형성하게 된다.

성조를 음절에 배당하는 방법은 주로 다음의 과정으로 이루어진다.

(4) 성조 배당의 기본적인 방법

가. 기본적으로 한 음절에 하나의 성조를 배당한다.

나. 성조 배당은 해당 음절의 음높이 정점(peak)이나 저점(valley)에 각각 고조와 저조를 부여한다.

다. 강세구의 음절 수가 네 음절이 넘어 가면 주로 앞 두 음절과 뒤 두 음절이 성조를 배당받고 가운데의 음절들은 성조와 성조 사이의 내삽(interpolation) 과정으로 처리한다.

앞에서 언급하였듯이 강세구의 운율적 특징은 일정한 성조 연쇄 유형이 나타난다는 점이다. 음절들이 모여 강세구를 형성하는데, 그렇게 형성된 강세구는 몇 가지의 성조 연쇄 유형 가운데 하나를 실현시키게 된다. Jun(2000)에서는 강세구의 성조 연쇄 유형을 다음의 14 가지로 소개하였다.

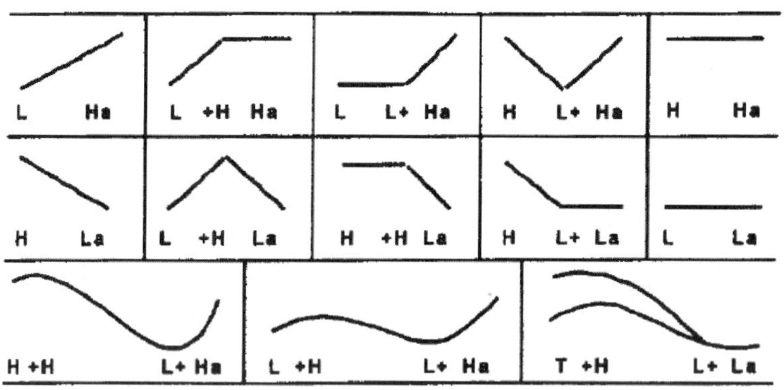

그림 3-2 강세구의 성조 연쇄 유형(Jun, 2000)

강세구 상위 단위로 억양구가 있는데, 억양구는 마지막 음절의 경

계 성조로 구별된다. 실현될 수 있는 경계 성조의 종류를 다음과 같이 제시하였다.3)

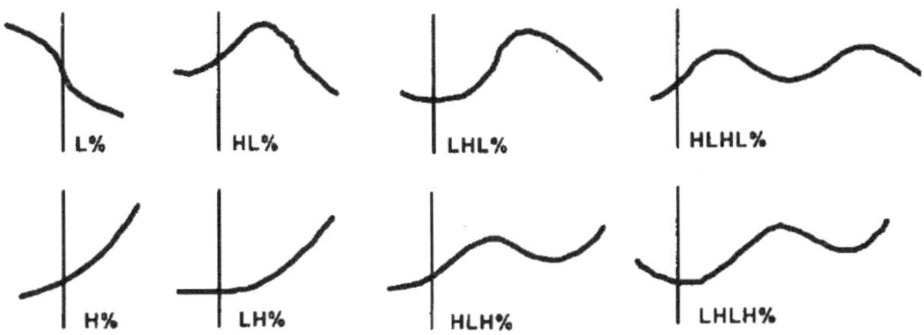

그림 3-3 억양구의 경계 성조 유형(Jun, 2000)

그림에서 세로줄 표시는 마지막 음절의 시작 부분을 의미하는데, 음절 시작 지점의 운율 진행 방향에 따라서 경계 성조의 첫 성조가 정해지며 나머지 성조 배당 방법은 강세구의 성조 배당 방법과 유사하다. 경계 성조의 기능은 경계 성조의 마지막 성조에 의해 크게 두 가지 의미 기능을 하는 것으로 해석하였다. 즉 마지막이 '-H%'로 끝나는 경우는 정보를 찾는 의미(예를 들면 의문문), '-L%'로 끝나는 경우는 진술(statement)의 의미 기능을 한다는 것이다. 더불어 성조와 의미의 관계는 경우에 따라서 많은 관계를 갖는다고 언급하였다. 예를 들면 의문사 의문문의 경우는 진술(declarative)에서 나타나는 'HL%'의 경계 성조를 동일하게 갖는다는 것이다. 아홉 개의 경계 성조 유형이 주로 실현되는 예를 다음과 같이 제시하였다.

3) 그림으로 제시된 경계 성조 유형은 Jun(2000) 본문에서 제시한 경계 성조 유형의 수와 차이가 있는데 그림에서는 'LHLHL%'이 누락되었다.

(5) 경계 성조 유형이 주로 실현되는 발화의 예

가. L% : 사실의 진술(stating facts), 낭독체에서의 평서문(declaratives)

나. H% : 예-아니오 의문문과 같이 정보를 요구(seeking information)하는 경우

다. LH% : 의문문, 발화의 계속(continuation rises), 설명적인 종결(explanatory ending)이나 성가심, 불쾌함, 불신 등의 표현한 경우. 예) 그랬다니까 그래!, 버렸어!

라. HL% : 평서문, 의문사 의문문, 뉴스 방송 등

마. LHL% : 평서문에서 쓰여 설득, 주장, 확신 등을 전달할 때 사용. 또는 화가 나 있거나 짜증났다는 것을 표현하는 경우. 예) '하지 마!'

바. HLH% : 화자가 확신을 가질 때. 또는 청자의 동의를 기대할 경우

사. LHLH% : LH%의 강조 의미로 화남, 짜증, 불신 등을 표현하는 경우

아. HLHL% : HL%의 강조 의미로 의견을 확신하거나 주장할 때. 또는 LHL%의 강조 의미로 청자를 조르거나 설득 의미를 전달하는 경우

자. LHLHL% : LHL%의 의미와 유사하지만 화났음을 보다 더 강하게 표현하는 경우

(5)에서 보듯이 Jun(2000)에서는 복합 경계 성조를 단일 경계 성조 및 상대적으로 단순한 복합 경계 성조들의 결합으로 분석하였고, 그렇게 구성된 경계 성조들의 의미를 강조하는 것으로 복합 성조의 의미를 해석하였다.

한편 한국어 표기 규약에서는 운율 분석을 위해 다음과 같이 다섯 개의 운율 표기 층렬을 마련해 두었다.

(6) K-ToBI의 운율 표기 층렬

가. 단어 층렬(a word tier)

나. 음운론적 성조 층렬(a phonological tone tier)

다. 음성적 성조 층렬(a phonetic tone tier)

라. 경계 색인 층렬(a break-index tier)

마. 기타 층렬(a miscellaneous tier)

(가)의 단어 층렬은 철자 표기 층렬이기도 하며 단어마다 표기를 하도록 되어 있다. (나)는 음운론적 성조 층렬로, 한국어 강세구의 음운론적 성조를 'LHa'로 가정한다. 결과적으로 강세구마다 'LHa' 표기를 하게 되어 있다. 그리고 억양구 마지막 강세구에는 경계 성조(T%)를 표기한다. (다)는 음성적 성조 층렬로, 실제로 관찰되는 성조를 표기하도록 되어 있다. (라)는 운율 단위간의 경계 정도를 나타내기 위한 층렬이다. 경계 정도란 운율적으로 지각되는 끊김의 정도를 의미한다. 그 정도성은 숫자로 표기하는데 '0'에서 '3'까지의 네 등급을 두고 있다. '0'은 주로 단어 내에서 '수, 데, 것' 등과 같은 의존명사류와 그에 선행하는 수식어 사이에 부과된다. '1'은 강세구 내에서 단어 간에 표시되며, '2'는 강세구와 강세구 사이에, '3'은 억양구와 억양구 사이에 표시된다. 그리고 운율 단위 경계와 운율적 끊김의 정도가 일치하지 않으면 문자 'm(mismatch)'을 사용하여 경계와 끊김의 정도가 일치하지 않았음을 표기한다. 또한 '–'를 사용하여 단위 간의 끊김의 정도가 확실하지 않을 경우를 표기한다. 가령 강세구 경계에

서는 '2'로 표시되는데 끊김의 정도가 강세구 경계만큼 느껴지지 않을 때는 '2-'로 표시한다. (6마)는 기타 층렬로 발화상에 지각되는 몇 가지 기타 사항을 표기한다. 가령, 웃음 소리라든가 침묵, 들릴 만큼 큰 숨소리, 다른 사람의 끼어들기 등을 표시한다.

이와 같은 표기 방법을 사용하여 운율을 분석한 예를 보이면 다음과 같다.

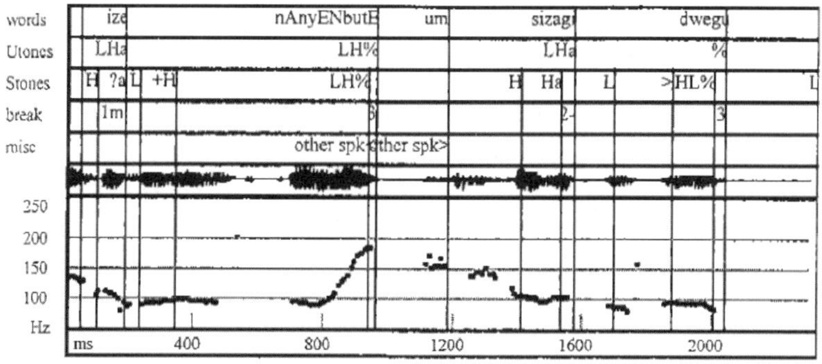

그림 3-4 K-ToBI의 운율 표기 방법의 예(Jun, 2000)

이러한 운율 표기 방법은 한국어 운율 분석을 위한 객관적인 방법을 제시하였다는 점에서 매우 의미 있는 성과라 할 수 있다. 그러나 이 연구가 억양 음운론을 직접 한국어 운율 연구에 적용한 것으로 보기는 어렵다. 억양 음운론은 억양과 의미와의 관련성을 해명하기 위한 이론인데, 이 연구는 한국어 운율 분석과 표기를 위한 규약을 마련한 것에 불과하다. 그러나 Jun(1993)과 Jun(2000)의 운율 분석 및 표기 방법을 토대로 2000년 이후에 한국어 억양과 의미의 관계를 해명하는 연구들이 본격적으로 학계에 보고되었다. 그럼에도 불구하고 여전히 억양의 전반적인 의미 파악에는 도달하지 못한 것으로 보인다. 운율 연구가 연구자들의 개별 관심 분야에 국한돼 있기 때문이다.

억양과 의미와의 관련성을 종합적으로 검토할 기회가 앞으로 진행될 것으로 기대하고 있다.

3.2.2 운율의 음운론적 연구와 KToBI

피에르훔버트(Pierrehumbert, 1990)는 '연구자들이 그들의 관찰을 가공하지 않은 음성 표기'가 올바른 음성 표기 방법이라는 견해를 밝혔고 또한 이론적 요소가 배제된 음성 표기를 제안하기도 하였다. 이에 따라 한국어 운율 표기 규약(Jun, 2000)의 운율 표기 방법은 운율을 객관적이고 일관적으로 표기하기 위해 주로 운율의 음성적 특징을 표기하는 데 목적을 두었다. 한국어 운율 표기 규약의 이러한 성격은 음성 언어의 객관적 처리 방안을 고심한 결과이다.

이러한 태생적 이유로 인해, 음성 언어 처리를 위한 운율 연구가 아니라 운율을 음운론적 연구의 대상으로 접근으로 할 때 한국어 운율 표기 규약은 몇 가지 잉여적인 표기 방법을 포함하고 있다.

3.2.2.1 성조 표기의 문제

그 가운데 하나가 음절당 배당되는 성조의 표기이다. 한국어 운율 표기 규약에서는 성조 표기 층렬(tone tier)을 마련해 두고 음절마다 배당된 성조를 구체적으로 명시하였다. 그런데 음운론적 연구 과정에서는 이러한 성조 표기가 꼭 필요하지 않다고 판단된다. 성조 배당은 강세구의 음절 수와 초성 자음의 종류에 의해 거의 자동적으로 배당되며 성조 연쇄 유형의 차이가 음운론적 차이의 결과로 나타난다고 보기 어렵기 때문이다.

3음절로 이루어진 강세구나 5음절 이상으로 형성된 강세구에서와 같이, 성조가 음절과 일 대 일로 대응되지 않은 경우조차도 성조 배당은 반자동적이다. 가령 3음절의 경우 첫 음절과 마지막 음절만 성조가 배당될 수도 있고, 음절마다 성조가 배당되어 세 개의 성조가 배당될 수도 있다. 그리고 세 개의 성조가 배당되더라도 가운데 음절의 성조가 유동적인데 두 번째 음절의 성조가 고조이든 저조이든 그것은 음성적 차이이지 음운론적 차이라고 보기 어렵다.

그러므로 음운 이론 가운데 미명시 이론(underspecification theory)의 방식에 따라, 몇 가지 음운적 조건에 의해 자동적으로 정해지는 성조는 예측 가능한 무표적인 것으로 보고 따로 표기하지 않는다. 다만 발화에서 강조 및 정보 초점 등의 요인에 의해 돋들리거나 운율적인 강도가 강한 성조의 경우는 의미적인 역할을 담당하고 그 위치 또한 예측할 수 없는 유표적인 것이므로, 피에르훔버트(Pierrehumbert, 1986)의 방법을 따라서 '*' 부호를 사용해 'H*, L*'과 같이 따로 표기할 수 있다.

억양구에 실현되는 경계 성조를 표기하는 방법은 한국어 운율 표기 규약의 방법을 그대로 따른다. 경계 성조는 음운론적 조건에 따라 예측되지 않으며 일정한 의미 역할을 담당하고 있기 때문이다. 결국 성조 표기 층렬에서 액센트를 부여 받은 유표적 성조와 경계 성조만 표기하는 것이 유용하다.

3.2.2.2 운율 표기 층위의 문제

한국어 운율 표기 규약에서는 운율 단위 표기 층렬이 따로 마련되어 있지 않다. 운율 단위의 경계는 주로 두 개의 성조 표기 층렬(음운론적 성조 층렬과 음성적 성조 층렬)과 경계 색인 층렬(break index tier)에서 확인 가능하기 때문이다. 음성적 성조 표기 층렬은 3.2.2.1의 성조 표기 문제에서 언급하였듯이 유표적 성조와 경계 성조를 표기하는 층위로 필요하다.

단어 표기 층렬도 따로 필요하지 않으며, 분절음 스크립트로 대체 가능하다. 반면에 음절 단위의 표기는 필요하다.

한국어 운율 표기 규약에서는 음절 단위를 따로 표기하지 않았는데, 음절은 한국어 운율 구조를 형성하는 기본 단위이므로 음절의 시간 조정 양상 및 음절과 강세구의 시간 조정 관계를 알아보고자 할 때는 음절을 따로 구분할 수 있다. 그리고 음절 구분 단계에서 각 단위의 마지막 음절에 상위 운율 단위를 명시하는 방법이 보충되면 운율 단위 표기 층렬을 따로 마련해 두지 않아도 된다.

한국어 운율 표기 규약에서는 경계 색인 층렬에서 각 단위마다의 비교적 소상한 운율적 경계성(운율적인 끊김의 정도성, disjuncture)을 표시하고, 일치하지 않는 경우 따로 구분하기도 하였지만 그러한 차이를 음운론적 차이로 보지 않기 때문에 구체적인 운율적 속성과 불일치성을 표기하지 않을 수 있다. 특히 분절음의 음성적 변이 및 발음 과정상의 특성을 주로 표기하는 기타 층렬(miscellaneous tier)도 연구 목적에 따라 운율 표기 과정에서 제외할 수 있다.

3.3 한국어 운율 단위의 계층 구조

3.3.1 한국어 운율 단위와 성격

발화는 운율 단위들로 위계화된 구조를 이룬다. 운율 구조를 파악한 여러 연구들을 통해서 보았듯이 운율은 운율 내적인 특성을 바탕으로 구조화되어야 한다. 그 예로 통사적 구조를 바탕으로 운율 구조를 상정했을 때 음운론 본연의 연구에서 많은 한계를 갖게 된다는 점을 확인할 수 있었다.

따라서 이 연구에서는 억양 음운론에서 접근한 운율 계층 모형이 한국어 운율 특성을 가장 객관적으로 반영하였고, 운율의 의미 기능을 합리적으로 설명할 수 있는 가능성이 많다고 판단하여 이를 수용한다. 하지만 이 구조에서 상정한 운율 단위들에 대해서는 몇 가지 비판적으로 검토할 필요성을 인식하였기 때문에 이에 대해 다시 검토하는 작업을 거치기로 한다.

왜냐하면 언어 단위에 대한 정의 과정은 해당 단위의 특성과 언어적 의의를 분명히 보여주는 중요한 과정이기 때문이다. 운율 단위를 선정하기 위한 검토 과정에서 마련했던 네 개의 기준을 먼저 제시하며, 기준으로 선정한 이유를 밝힌다.

(7) 운율 단위 선정 기준

가. 운율 단위는 운율적인 특성으로 정의될 수 있어야 한다.
나. 운율 단위의 크기를 객관적인 운율 특성으로 설명할 수 있어야 한다.
다. 하위 운율 단위들이 상위 운율 단위를 형성하는 구체적인 방법이 확인되어야 한다.
라. 운율 단위의 구체적인 기능을 확인할 수 있어야 한다.

먼저, 해당 단위에 대한 정의는 그 언어 단위가 속한 다른 범주의 특성으로 정의되어서는 안 된다. 이는 운율 단위에 대한 정의에 형태론이나 통사적 특징을 이용하는 정의 방법을 가급적 지양해야 한다는 것을 의미한다. 운율 단위가 운율 특성만으로 정의되지 못하고 다른 범주의 특성을 이용해 정의된다면 운율 단위로서의 지위를 의심하지 않을 수 없기 때문이다.

또한 언어 단위는 크기로 규정되기도 하는데, 그 크기도 동일 범주적인 특성으로 설명되어야 한다. 이 또한 운율 단위의 크기를 다른 범주의 특징으로 설명하는 방법을 가급적 지양하고, 객관적인 운율 특성을 기준으로 그 크기를 구체적으로 설명할 수 있어야 함을 뜻한다.

운율 단위들은 계층적인 관계를 형성한다. 따라서 위계 관계에서 하위 운율 단위들이 모여 상위 운율 단위를 형성하는 방법이 확인되어야 운율 구조 내의 지위를 안정적으로 확보할 수 있을 것이다.

마지막으로, 언어 단위의 언어적 의의는 구체적인 언어적 기능을 담당하는 것으로 확인될 때 인정받을 수 있다. 구조는 기능으로 그 실체가 증명될 수 있기 때문이다.

위 기준에 따라 선행 연구들에서 제시된 한국어 운율 단위들을 검토한 결과, 모라는 한국어에서 일부 현상에 한정해 적용되었고 학자마다 모라 단위를 정의하는 방법이 다양하므로 그 구체적인 단위성을 인정하기가 어렵다. 또한 그러한 설명들은 제한적이기 때문에 전체 운율 구조 속에서 유기적인 관계를 형성한다고 볼 수 없다는 점에서 운율 단위로 인정하지 않는다.

그리고 억양 음운론에서 음절 상위 단위이자 강세구 하위 단위로 상정한 '음운론적 단어'도 한국어 운율 단위로 인정하기가 어렵다. 음운론적 단어는 형태·통사적 기준이 있어야 그 크기를 설명할 수 있고 정의할 수 있다는 점에서 순수한 운율 단위로 보기 힘들다. 또한 음운론적 단어를 인정한 대부분의 연구에서 음운론적 경계 표지의 운율적 특성으로 언급한 휴지는 실제 발화에서 관찰되지 않는다는 것도 음운론적 단어가 갖은 기존의 지위를 의심하게 한다. 이에 대해서는 5장에서 보다 자세히 논의하기로 한다.

리듬 중심의 접근 방법에서 설정한 말토막과 말마디는 각각 억양 음운론의 강세구와 억양구와 유사하다. 그렇지만 단위의 크기를 운율 특성으로 설명하기 위한 객관성이 부족하고 구조간의 운율적인 형성 과정에 대한 적극적인 검토가 필요해 보이므로 한국어 운율의 정밀한 연구를 위해서는 충분하지 않다고 판단된다.

결과적으로 다음과 같이 한국어 운율의 계층 구조를 상정할 수 있다. 각 운율 단위의 음운론적 역할과 의미는 다음 장부터 검토하기로 하고, 여기서는 운율 구조의 전체적인 특성을 소개하는 것으로 그친다.

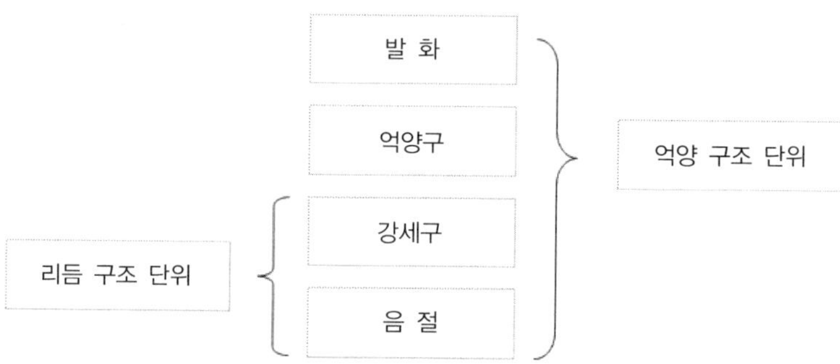

그림 3-5 한국어 운율 단위의 위계와 성격

한국어 운율 구조는 하위 층위로부터 음절-강세구-억양구-발화의 순서로 구성되어 계층을 형성한다. 한국어 운율은 운율 구조의 성격에 따라 리듬 구조 단위와 억양 구조 단위로 구분된다.

먼저 음절과 강세구는 리듬 구조에 포함된다. 음절은 리듬 단위를 형성하는 시간 단위로 보았고, 강세구는 한국어의 리듬 단위로 파악하였다. 음절들이 강세구를 형성하는 데는 일정한 형성 과정이 포착되며, 강세구는 음절 수의 변동에도 불구하고 하나의 리듬으로 인식된다. 반면에 강세구를 넘어서는 일정한 리듬 및 리듬 형성 과정을 파악할 수 없기 때문에 강세구 상위 단위부터는 리듬 구조라 볼 수 없다.

음절과 강세구를 포함하여 운율 구조 전체는 억양 구조 단위로 파악된다. 각 단위별로 억양 구조적 특성을 간략하게 언급하자면, 음절은 성조를 배당받으며 시간 구조를 형성하고, 강세구는 일정한 성조 유형이 반복해서 나타나 억양 구조를 형성하는 단위로서의 특성을 지닌다. 그리고 억양구는 성조 유형이 반복해 하나의 억양을 형성하며 억양구의 마지막 운율 요소인 경계 성조가 나타나 억양을 완료하므로 억양 구조 단위이자 억양 단위로 인정할 수 있다. 따라서 음절, 강세구, 억양구는 한국어 억양을 형성하는 단위이므로 억양 구조 단위로 파악하되, 완료된 억양이 실리는 억양 단위는 억양구이다.

3.3.2 운율 단위와 연접

미국 구조주의 음운 이론에서는 언어 연쇄 과정에서 특정 언어 단위 간에 형성된 경계 기호로 연접이란 개념을 사용하였다. 연접은 보통 발화를 원칙으로 하여 언어 단위 간의 경계를 나타내기 위해 사용된 개념이지만 한국어 음운론 연구에서는 때로 그것을 산출된 음을 근거로 하기보다 문법적 지식을 이용하여 문법적 단위 간의 경계를 나타내기도 하였다. 그리하여 우리가 그동안 무비판적으로 사용해 왔던 연접이 음운론적 경계의 기능보다는 문법적 경계의 기능으로 보다 폭넓게 활용해 온 것이 사실이다. 특히 형태음소론의 연구 방법에서 연접은 하나의 음연쇄에서 일어나는 음운 규칙들을 설명하기 위해 형태 중심의 경계를 긋는 데에 사용되었다. 우리는 지금까지 형태 경계를 '+'로, 단어 경계를 '#'로 표시해 왔다. 예를 들면,

(8) 학교 + -에 # 가- + -는 # 길 + -이- + -시- + -ㅂ니까?

이 과정에서 연접의 음성적(또는 운율적) 표상은 휴지로 설명되곤 했는데, 단어 내부에서 이루어지는 형태소 간의 결합은 휴지가 실현되지 않는 폐쇄 연접으로, 단어와 단어가 결합하는 경계에서는 휴지가 실현되는 개방 연접으로 구분했다. 이러한 개념은 전통적인 단어 설정 방법에 음운론적 기준의 하나로 사용돼, 양 끝에 휴지가 오며 내부에 휴지가 올 수 없는 단위로 단어의 특성을 설명하기에 이른다.

그러나 이러한 문법 기준의 연접 개념은 형태음소적 현상을 설명하기에는 어느 정도 그 효용성이 인정되나 음 연쇄 전반을 설명하는 데까지는 발전하지 못하였다. 그것은 단어 이하를 대상으로 한 음운론적 현상을 문법(단위)적 연접을 이용해 설명한 결과이기 때문이다. 그러므로 발화를 연구 대상으로 할 때, 그동안 우리가 음운론에서 사용한 연접의 개념은 음운 영역 전반을 설명하기엔 한계가 있다.

그러므로 운율 단위들이 연쇄하는 특징을 설명하기 위해서는 그동안 단어 이하의 결합을 설명하는 것으로 그친 연접의 개념을 보다 확대하여 '음운 단위 경계에서 나타는 운율 요소들의 결합적 양상'의 개념으로 수용할 필요가 있다. 물론 이때의 음운론적 단위 경계는 운율 단위 경계가 된다. 단어보다 작은 음운 단위인 분절음이나 음절 경계에서는 의미 있는 운율적 경계를 확인 수 없기 때문이다.

그러나 연접과 운율 경계는 등가의 개념이 아니다. 운율 경계는 단지 운율 단위의 배열에서 단위를 선적으로 구분한 개념에 불과하지만. 연접은 해당 운율 경계에서 나타나는 운율적 요소들의 속성을 묶어 개념화시킨 용어라고 할 수 있다. 가령 억양구 연접이라 함은 억양구 경계에서 나타나는 다양한 운율적 특성들의 묶음을 의미한다. 따라서 억양구 연접은 억양구 경계 개념을 포함해 경계 성조의 실현,

충분한 말음절 장음화, 긴 휴지 구간, 음높이의 재조정 등을 포괄하는 개념이다.

한국어의 운율 단위를 생성하고 지각하는 데 직접적으로 관여하는 운율 요소로 성조 연쇄, 경계 성조, 장음화, 휴지를 제시하고, 운율 경계에 따라 다음과 같은 연접의 차이가 있는 것으로 파악한다.

표 3-1 운율 단위 연접의 양상

	일정한 성조 연쇄	경계 성조	말음절 장음화	휴지
강세구 연접	●	×	×	×
억양구 연접	×	●	●	●

4장 음절의 음운론적 시간 구조

4.1 운율 단위로서의 음절의 심리적 증거

모국어 화자들이 가지고 있는 한국어 말소리에 대한 언어 지식을 규명하는 것이 음운론 연구의 목적임을 상기하면, 여러 언어 외적 증거들 또한 합리적인 절차와 검증을 거쳤을 때 음운론적 증거로서 자격을 부여받기에 충분하다.

특히 Skousen(1972)는 이러한 외적 증거의 중요성을 강조하였는데, 그는 심리적 실재를 실재적 증거라고 부르고, 이러한 실재적인 증거가 없는 음운 기술, 특히 음운 규칙은 허구라고까지 주장하기에 이른다(정국, 1994:5~6). 또한 정국(1994)에서도 우리의 음운론적 기술은 모국어 화자들의 심리적 실재를 반영하는 것이어야 한다고 하면서 그 당위성을 주장하였다. 실제로 서구 언어학자들이 개별 언어에서 관찰되는 이러한 심리적 예들을 거론하여 음절이 심리적으로 실재하는 단위임을 보이기도 하였다. 그리고 한국어 연구에서는 음절 내부의 계층적 구조나 음절 형성 방법, 외국어 차용 과정에 기여한 음운론적 특성을 밝히는 작업에서 심리적 실재를 이용하기도 하였다. 4.1절에서는 음절을 운율 단위로 인정할 심리적 증거들에 대해 살펴보도록 하자.

언어 단위의 하나로서 음절의 정의에 대한 다양한 이론적인 시도에도 불구하고 여전히 음절을 언어학적으로 명확하게 정의내리기는 쉽지가 않다. 다만 음운 규칙이나 음절을 구성하는 분절음들의 연쇄 제약, 음절 형성 제약, 재음절화, 음절의 구조, 형태소 구조 조건 등과 같이 음절이 깊이 관여하는 음운론적 구조와 제약 등을 설명하는 과정에서 음절이 차지하는 언어학적 의의에 대한 많은 부분을 설명하고 있다. 그러나 음절은 구조주의 음운론이나 SPE(Sound Patterns of English; Chomsky and Halle, 1968)를 비롯한 초기 생성 음운론에서조차 정식 언어 단위로 인정을 받지 못하였다. 음절이 언어학에서 정식 음운론적 단위로 인정받게 된 것은 후퍼(Hooper, 1972), 칸(Kahn, 1976)과 클레멘츠와 케이서(Clements and Keyser, 1983)의 연구로부터이다.

이에 비해 음절에 대한 언어학적 인식은 오래 전부터 비롯되었다. 국내에서는 통일 신라 시대나 중세 국어 시기, 서구에서는 영국학자 스푸너(Spooner)의 발화 실수에 의한 음절 단위의 인식을 그 예로 들 수 있다. 음절이 리듬의 단위라는 인식도 오래 전부터 있었는데, 근래에 들어서야 비로소 리듬 단위로서의 구체적인 논의가 진행되었다. 어린이가 맨 처음 언어를 습득할 때 기본적인 단위로 음절을 채택한다는 점, 음절화 과정을 통해서 특정 음절 구조에서의 모음과 자음의 길이 조정 양상 등이 그 근거가 되었다. 특히 운율 음운론 등에서 리듬을 음절의 내적 구성 요소로 판단하는 데 결정적인 근거를 마련해 주기도 하였다(성철재, 1996:9～13).

그러나 이와 같은 언어학적 관찰을 뒤로 하더라도 한국어를 모국어로 사용하는 화자들에게는 음절이 분명한 언어 단위, 특히 운율 단위로 실재하고 있음을 우리는 여러 예를 통해서 확인할 수 있다. 언어 생활에서 목격되는 여러 현상들, 이를 테면 발화 실수, 끝말잇기나 음높이 높이기와 같은 말놀이, 시의 운율 형성 방법 등을 통해 우리는 음절이 모국어 화자의 언어 지식 내에 중요한 단위로 자리하고 있음을 간접적으로나마 파악할 수 있다.

발화 실수의 종류는 발화 실수가 일어나는 단위에 따라서 단어 발화 실수, 음절 발화 실수, 분절음 발화 실수 등으로 구분되며, 양상에 따라서 도치, 복사(음절 복사, 분절음 복사, 자질 복사) 등으로 구분할 수 있다. 분절음 발화 실수의 경우에도 조건 없이 도치되거나 복사되는 것이 아니라 음절 내 위치의 동일성이 발화 실수를 일으키는 중요한 조건이 된다. 특히 음절 발화 실수는 해당 음절의 운율적 위치를 고려해야만이 설명될 수 있다. 따라서 단어 발화 실수를 제외한 많은 경우의 발화 실수들이 음절과 직간접적으로 관련을 맺고 있기 때문에, 음절 구조 속에서 발화 실수를 설명해야 간결하게 일반화될 수 있다.

끝말잇기 놀이와 음높이 높이기 놀이의 단위도 음절이다. 끝말을 잇는 단위는 음절로, 마지막 음절이 다음 말의 첫음절로 이어져야 한다. 음높이 높이기 말놀이는 동일한 단어를 음절 수만큼 반복해서 발화하되 음절의 음높이를 순서대로 높인다. 가령 '대한민국'이라는 단어를 가지고 음높이 높이기 놀이를 할 경우 '대한민국'은 네 개의 음절로 이루어져 있으므로 네 번 반복하여야 하는데, '**대**한민국, 대**한**민국, 대한**민**국, 대한민**국**'(진한 글자는 음높이를 높여야 할 음절) 등과 같이 단어를 반복하는 순서와 음절 순서를 일치시켜 해당하는 음절의 음높이를 높인다.

시에서 운율을 형성하는 방법은 다양한데 음절과 관련해서는 음절 수를 일정하게 유지하는 방법, 각운이나 두운 등을 이용하는 방법 등 한국시의 운율 형성은 음절을 단위로 이루어진다.

더불어 이러한 증거들은 이호영(1996:125)의 언급처럼 음절이 발화의 단위이기도 하지만 인지의 단위이기도 하다는 점을 잘 보여주고 있다. 그런데 음절 단위에 대한 이러한 언어 외적 증거들은 음절의 비운율적 특성과 더불어 운율적 특성을 적극적으로 활용한 것임을 주목할 필요가 있다. 이러한 점은 한국어가 다른 언어들과 비교해서 상대적으로 음절이 중요한 운율 단위로 존재한다는 점과, 한국어가 운율적으로 음절에 민감한 언어라는 점을 시사한다고 볼 수 있다.

그러므로 우리는 음절을 분절음적 특성과 운율적 특성을 공유하는 음운론적 단위로 볼 수밖에 없다.

한편 김선희(1993:65~75)에서는 한국어의 음절 구조 조건을 이용해 음절이 운율과는 관계없는 단위라는 가정을 증명해 보이고자 하였다. 그리고 운율과 관계없는 어떤 음운 현상을 음절 구조를 상정하여 설명한다는 것은 음절이 운율과는 무관한 하나의 구조 단위로 기능한다는 것을 보여주는 예가 된다고 견해를 밝혔다. 그러나 이러한 증명 방법은 음절이 운율 단위가 아니라는 결정적 증거가 되지 못한다. 음절의 운율적 기능은 음절 구조를 형성하는 음절 구조 제약과는 관련이 없기 때문이다. 음절 구조 제약은 운율 차원이 아닌 분절음 차원(분절음 단위와 음절 단위)에 적용되는 제약으로 이해해야 하기 때문이다. 운율과 관련된 대표적인 음절 제약은 연음을 포함한 재음절화이다. 그러나 이 경우에도 운율이 재음절화의 전적인 조건이 되지 못한다. 음절 제약, 형태론적 제약, 운율 제약 등 다양한 조건들이 재음절화를 일으키기 때문이다. 따라서 한국어의 음절은 분절음 차원과 운율 차원에 모두 걸치고 있는 음운론적 단위로 파악될 수밖에 없다.

4.2 음절의 운율적 돋들림

한국어의 운율적 돋들림에 대한 음성적 실체에 대해서는 이견이 있다. 돋들림은 음의 길이(length), 세기(loudness), 음높이(pitch) 등 다양한 요소에 의해 판단되는 지각적 개념으로 이해되기 때문이다. 따라서 돋들림의 유형은 다양한 운율 요소 가운데 어느 요소가 적극적으로 지각되었는가로 판단하는 것이 우선인데, 그렇다고 관련한 다른 운율 요소들의 특징이 전혀 나타나지 않는 것은 아니다. 우선적으로 지각된다는 것은 운율 요소들간의 상대적인 현저함의 차이에서 비롯되는 것임을 의미하기 때문이다. 이러한 방법으로 한국어의 액센트 유형을 밝히는 실험이 시도될 수도 있겠으나 많은 변인을 통제해야 하는 어려움이 있어서 이를 극복할 수 있는 합리적이고 타당한 실험 방법의 개발이 필요하다.

한국어의 운율적 돋들림을 액센트로 보는 데는 차이가 없지만, 학자에 따라서 한국어의 액센트를 고저 액센트(pitch accent)와 강세 액센트(stress accent)로 보는 견해차가 오래 전부터 있어 왔다. 이숭녕(1955가·나·다, 1960)에서는 서울말이 강세 액센트임을 주장하였고, 정인섭(1965)에서는 우리말의 액센트를 고저 액센트로 보고 낱말 내의 액센트 위치는 고정되어 있다고 주장하였다. 이현복(1971, 1973), 성철재(1994), 이호영(1996)은 이숭녕(1965)의 견해와 유사하지만 액센트를 강세와 시간이 동시에 결합된 것으로 보는 점에서 차이가 난다. 이현복(1971)에서는 낱말 안에서의 액센트 위치는 모음의 장단과 음절의 구조에 따라서 결정된다고 하면서, 리듬 패턴을 중심으로 한국어의 낱말에 적용할 수 있다는 액센트 공식을 수립하였다. 그러나 액센트 공식의 예외가 많아 이 견해를 신뢰하기란 쉽지 않다. 한국어의 리듬을 강음절과 약음절의 반복으로 설명한 이호영(1996)에서는 한국어를 고정 강세어(fixed stress language)로 보고, 강세의 위치는 낱말의 음절 수와 첫 음절의 음절 구조에 의해 결정된다고 하였다. 그리하여 말토막의 첫 음절은 강음절이며, 그렇지 않은 경우에는 두 번째 음절에 강음절이 위치한다고 하였다. 초점이 실려도 강세를 받는다고 하였다.

그러나 화자의 감정이나 태도가 무표적인 발화를 대상으로 실제 운율이 실현되는 과정을 보면 말토막 내의 음절에서 마지막 음절이 주로 돋들리며, 음성 자료의 확인을 통해서도 이호영(1996)에서 언급한 위치에서 강세를 일관되게 확인할 수 없었다. 한편 이호영(1996)에서는 강세 판단에 음절 길이의 영향도 받는다고 하였고, 전은주(1991)에서도 한국어 액센트 판별에 음절 길이가 가장 중요한 운율적 요소가 됨을 주장하였지만 이 또한 첫 음절의 길이가 다른 음절의 길이보다 항상 긴 것은 아니었으며, 초점을 받은 곳의 음절 길이가 길어지는 경향은 있었으나 그보다는 오히려 음높이의 변화가 돋들림 실현의 주된 방법으로 이용되는 것으로 보인다.

이와는 달리, 김원필(2005:23)에서 프랑스어의 '강세'는 세기보다는 음조의 문제로서, 단어 끝음절을 올려 읽는 고정 강세 구조를 갖고 있으며, 이는 각 낱말이나 구의 경계를 지어주는 역할을 한다고 언급하였다. 그 이전에 Jun(1993)에서는 한국어에 이러한 현상이 있음을 판단하고 성조 연쇄에서 마지막 성조가 항상 고조로 실현되어 단위 경계를 나타내는 단위를 '강세구(accentual phrase)'라 명명하기도 하였다. 그런데 Jun(1993)에서 사용한 강세(accent)의 개념이 이호영(1996)에서 사용한 강세(stress)의 개념과 다르다는 점에 주의해야 한다. Jun

(1993)에서 사용한 강세(accent)의 음성적 실체는 음높이의 확장이고, 이호영(1996)에서 사용한 강세(stress)의 음성적 실체는 진폭의 확장이다. 따라서 후자의 경우 일반적으로 '세기'라는 용어로 사용된다.

운율 연구에서 초점에 대한 운율 실현의 방법은 고저 액센트를 사용하는 것이 언어 보편적인 방법이라고 보고된 바 있었다. 영어의 고저 액센트를 고찰한 보린저(Bolinger, 1958)에서는 영어에서 음절의 돋들림은 음높이에 의해 실현되며, 음장이나 강도는 액센트를 인식하는 부수적인 단서라고까지 주장하였다. 강세 언어인 영어에서도 액센트의 실현은 음높이의 변화를 통해 주로 판단하며(Pierrehumbert 1980, Beckman and Pierrehumbert 1986, Pierrehumbert & Hirschberg 1990 등), 한국어 연구에서도 고저 액센트를 이용해 초점과 운율 실현의 양상을 일반화하는 다양한 작업이 진행 중이다.

그러므로 한국어의 액센트를 강세 액센트로 보는 견해들이 발화에서의 강세 이동 현상이나 강세 액센트의 구체적인 실현 양상을 정밀하게 이론화하지 하지 않으면 이 견해는 생명력을 얻기 힘들다. 이러한 점에서 여기에서는 한국어의 운율적인 돋들림의 주 요인을 음높이의 변화로 파악하고, 한국어의 운율적인 돋들림의 유형을 고저 액센트로 보는 관점을 따른다.

다음에서 돋들림이 실현된 발화를 보자.

(1) 돋들림 실현의 예

노래가 [**너무**]$_{AP}$ 매끄럽게 잘 만들려져서
| |
H Ha

위 발화에서 '너무'는 돋들림이 실현된 강조 초점으로 이해할 수 있는데, 초점을 받지 않았다면 성조가 음절에 'LH'로 배당되어야 자

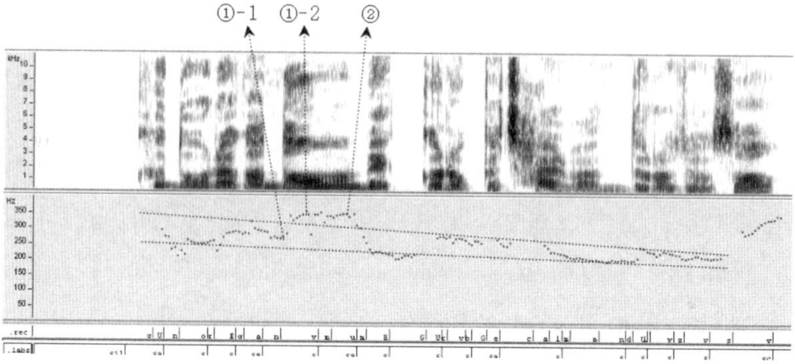

그림 4-1 돋들림이 실현된 음절

연스럽다. 다른 강세구들의 음높이 움직임이 정점 연결선과 저점 연결선 사이에서 실현되는 것에 비해, 강세구 '너무'의 음절 '너'에 배당된 고조(①-2)와 음절 '무'에 배당된 고조(②)는 모두 정점 연결선을 현저히 넘어서 나타나고 있다. 고저 액센트가 실리면서 '너' 음절의 비음으로 인해 '①-1'과 같이 낮은 영역에서 음높이가 시작되어 해당 음절 지속 구간 동안에 가파르게 상승하여 '①-2'와 같이 고조로 실현되는 모습이 관찰된다. 음절 '너'는 부수적으로 장음화를 동반하였다. 돋들림이 실현된 음절의 장음화에 대해선 4.5절에서 논의하기로 한다.

첫 음절의 저조에서 다음 음절의 고조로 음높이가 이동하면서 음높이 상승이 일찍 실현되었는데, 첫 음절 성조 '①-1'에 저조를 배당하지 않는 것은 음절 '너'가 초성 자음의 특성으로 인해 낮은 곳에서 시작하였으나 본래의 음높이 목표점은 '①-2' 지점일 것으로 파악하였기 때문이다.

이렇게 음높이의 돋들림이 실현된 경우에 선행 성조는 화자 발화에서 정점 연결선을 넘는 것이 보편적인 양상이기도 하지만 저조와의 연결에서 현격한 음높이 값의 차이를 보이기도 한다. 결국 돋들림은 화자 발화의 음높이 폭과 성조 연결 과정에서의 현격한 음높이 값의 차이라는 두 요인에 의해 청자에게 지각되는 것으로 판단된다. 이러한 돋들림은 화자가 발화 내용 가운데 강조할 부분에서 실현된다는 점에서 의미적인 속성을 포함한다고 볼 수도 있을 것이다. 그 역할은 발화의 특정 의미·정보적인 요소(주로 '초점')를 기능적으로 전달하게 된다.

그러나 음절이 의미·정보의 강조를 받는 단위라고 보기는 어렵다. 가령 어느 단어나 구가 신정보로 정보 초점을 받으면 해당 운율구 전체의 음높이가 현저하게 올라가는 현상은 일반적이지 않으며 해당 운율구 내의 특정 음절의 음높이가 상대적으로 상승하는 현상이 주로 목격된다.

한국어 초점의 운율적 실현 방법에 관한 연구들을 보면 특정 형태소의 음높이가 액센트를 받는 현상을 관찰한 후 특정 형태소가(조사, 연결 어미 등) 초점을 받았다고 설명하고 있으나, 보조사와 같은 특정 형태소가 의미 기능을 하여 초점을 받을 수도 있지만 통사 구조나 운율 구조상 문법 형태소(격조사, 연결 어미)가 속한 운율 단위 전체가 초점을 받는 것으로 해석해야 하는 경우도 있다. 앞에서 언급한 것처럼 한국어에서 액센트는 주로 음절 단위에 부과되며, 운율 구조상 조사는 운율 단위 내의 마지막 음절에 위치하는데 마지막 음절은 일반적으로 고조로 실현된다. 이로 인해 해당 운율 단위의 마지막 음절은 운율 단위 경계 표지로서의 역할을 할 뿐 아니라, 음높이의 확장이 저조의 위치에 있는 음절보다 비교적 용이하다.

이와는 다르게 초점 받은 영역의 전체적인 음높이가 어느 정도 올라가는 양상이 간혹 관찰되기도 한다. 그렇지만 이와 같은 현상은 해당 음절의 음높이가 다른 음절의 음높이를 견인하여 상승시킨 효과로 파악하는 것이 합리적이다. 따라서 음절은 고저 액센트를 받는 단위로 판단할 수 있지만 초점을 받는 단위라고 할 수는 없다.

이렇듯이 액센트 부여 단위와 초점 영역의 불일치로 인해 초점의 영역은 액센트로 판단하기보다 의사소통 과정을 통해 정보 구조를 근거로 파악하는 것이 합리적일 수 있다.

4.3 기저 음장과 음장 변동 현상

음절 길이를 나타내는 용어로 음절 지속 시간과 음장이 있는데, 음절 지속 시간과 음장은 모두 음절의 길이에 대한 용어이지만 정확히 일치하는 개념이 아니다. 음절 지속 시간은 음성학적 용어로서 시간의 물리적 길이에 가치를 둔 용어라면 음장은 시간의 심리적 길이에 가치를 둔 용어라고 할 수 있다. 보통 음운론에서는 시간 단위인 모라가 단음에는 하나가 연결되고 장음에는 두 개가 연결되는 것으로 설명한다. 그러나 그것은 물리적으로 두 배가 아니라 심리적으로 두 배이다. 그 구체적인 예로서 장단음의 상대적 길이에 대한 연구들을 보면 장음이 단음에 비해 정확하게 두 배가 아니라 1.2~1.8 배라고 한다.

음절 길이의 음운론적 용어는 '음장'이다. 기저 음절 길이가 단음인 음절이 음운론적 조건, 음성적 환경에 의해 장음으로 실현된 경우를 '장음화'로, 반대의 경우를 '단음화'로 불러 왔으며, 이를 음운론적 현상으로 이해했다. 그렇기 때문에 한국어 연구에서는 전통적으로 운소로서의 음장의 역할을 인정했다.

그런데 한국어 음장의 기능에 대한 의견이 오래 전부터 분분했으며, 음장의 변별적 기능에 대한 연구는 시기별로 꾸준히 진행되었다. 본 절에서는 한국어 음장과 관련된 여러 이론적 설명들을 비판적으로 검토해 보고자 한다.

4.3.1 음장과 모라

일반적으로 한국어에는 다음과 같은 음장의 변별 기능이 있다고 보아 왔다.

(2) 기저 음장이 다른 어휘 쌍

가. 눈에 눈(:)이 들어가면 눈물이냐 눈(:)물이냐

나. 밤에 밤(:)을 먹으면 밤맛이냐 밤(:)맛이냐

다. 말을 타고 말(:)을 하면 말짓이냐 말(:)짓이냐

그리고 기저 음장과 장음화의 음운론적 역할을 적극적으로 설명하는 과정에서 모라(mora; μ) 개념을 도입하기도 하였다. 원래 모라는 일본어를 비롯하여 모라 박자가 중요한 단위를 이루는 언어들의 음운론 연구에서는 오래 전부터 사용해온 개념(전상범, 2004:512)이다. 서구의 운율 연구에서나 한국어의 운율 연구에서나 음절 음운론에서 설명하기 힘들었던 보상적 장음화와 모음 장단음의 기저 표시를 해결하기 위해 적극적으로 이론화시킨 용어이다.

음절 이론(CV 이론)에서 분절음 층렬은 말소리의 연쇄 과정에서 분절음들로 이루어진 등가의 시간 구조로 생각되었지만, 분절음 층렬이나 골격 층렬의 이러한 시간적 등가의 개념은 여러 문제점을 내포하고 있었다. 가장 큰 문제는 음절의 축약 과정에서 축약된 음절은 두 음절의 길이로 나타나지 않는다는 것이다. 이 문제를 적극적으로 해명하기 위해 언어학자들이 도입한 용어가 모라 개념이다.

서구 이론에서 모라는 정확하게는 물리적인 시간 개념이기보다 음

운론적 무게(phonological weight)와 관련된 용어로 이해했다. 하이만(Hyman, 1985)과 헤이스(Hayes, 1989)에 의하면 모라는 음운론적 무게를 나타내는 단위인데, 예를 들어 한 모라는 강세를 유도하지 못하지만, 두 모라는 강세를 유도하는 음운론적 차이를 보여주므로 음운론적으로 의미 있는 단위가 된다. 그리고 그러한 음절 무게(syllable weight)의 차이는 음절 구조의 차이에서 기인하는 것으로 판단하였다. 한편에서는 모라에 대한 심리적 증거도 제시하였다. 한국어에서는 끝말잇기의 단위가 음절인 반면, 모라 언어로 분류된 일본어에서는 끝말잇기가 모라 단위로 진행된다는 것이다(이우경, 1999).

모라 이론에서는 일반적으로 모든 모음은 하나의 모라를 배당받는 반면에 음절의 초성은 모라 소지 단위가 아니라고 보았다. 또한 음절의 종성이 모라를 가질 수 있는가는 언어마다 다르다고 알려져 있다. 하지만 보다 근본적인 문제로, 다양한 언어를 대상으로 이룩된 모라 연구에 따르면 경음절(한 모라)과 중음절(두 모라)의 판단이 언어마다 동일하게 적용되기 어렵다는 점을 보여주고 있다.

음절 무게 또는 모라 개념은 한국어의 음운 현상을 설명할 때 특정 연구 분야에서 적극적으로 활용되어 왔다. 특히 장음화라든가 거시적으로는 한국어 운율 위계에 속하는 운율 단위로 설명되기도 하였으며 이를 바탕으로 시간 구조와 관련된 여러 음운 현상에 대한 설명이 시도되기도 하였다. 그러한 시도는 어느 정도 성공적인 결과로 비춰진 것이 사실이다. 그러나 학자마다 모라 판단의 기준을 달리 설정하고 있어서 과연 모라가 한국어의 시간 단위인가 하는 지적을 받은 것도 사실이다.

이를 테면, 단모음은 하나의 모라를, 장모음은 두 개의 모라를 갖는 것으로 보는 데는 견해가 일치하지만 음절말 자음에 대한 모라 배정은 학자마다 이견을 보인다. 음절말 자음의 모라 배정에 대해서,

이진종(Lee, 1991)에서는 겹자음만 모라를 받을 수 있음을, 강석근(Kang, 1992)에서는 폐쇄음·비음·겹자음이 모라를 배정받을 수 있음을, 전종호(Jun, 1994)에서는 모든 자음이 모라를 배정받을 수 있음을, 최성원·전종호(1998)에서는 모든 자음과 어중의 경음과 격음이 모라를 배정받을 수 있음을, 정영희(Chung, 1997)에서는 일부 방언에서 공명음이 모라를 배정 받을 수 있음을 제기하였다(정명숙·신지영, 2000:268~269).

위와 같은 견해들은 모두 한국어의 음운 현상을 설명하는 과정에서 검토되고 일정 설명력을 앞세워 제안되었을 것인데, 한국어 음절 구조에 대한 모라 배당 견해가 이처럼 다양하다는 점은 한국어에서 모라가 구체적인 운율 단위인가에 대해 강한 의문을 갖게 한다. 모라 개념을 이용해 한국어 음운 현상을 설명한 (2)의 예들을 다시 생각해 보자.

(2)의 예들은 모두 기저 어휘에서 장단음의 차이가 있다고 보아 온 형태들이다. 기저가 장음이면 두 모라로, 단음이면 한 모라로 설명을 한다. 일견 설득력이 있어 보이나 우리는 앞에서 모라가 단순한 시간 길이를 의미하는 것이 아니라 음절 구조의 차이가 시간 길이에 영향을 미친다는 개념에서 비롯되었다는 점을 생각해야 한다.

특히 다른 언어권의 음운론 연구에서 모라가 강세 배당 현상을 설명하는 데 주로 이용되었다는 점을 떠올릴 필요가 있다. 이와 같은 사실을 상기하면 강세 박자 언어인 영어와 운율 유형적으로 다른 한국어에 모라 개념을 그대로 적용하기에는 무리가 있다. 율격에 의해 강세가 규칙적으로 나타나는 영어와 달리 한국어에서는 그러한 율격과 강세의 관계가 뚜렷하지 않기 때문이다.

그러므로 (2)와 같이 동일 음절 구조를 가진 단어 간에 존재한다는 음장의 차이를 모라로 설명하는 것은 비논리적인 설명이 된다. 더구나 최근의 연구들을 보면 (2)와 같은 기저의 장단음 구별이 노년층에서조차 사라진 것으로 보고되고 있기 때문에 과연 현대 한국어의 운율 위계에서 모라 층위를 설정해야 하는지는 좀 더 고민해 보아야 할 문제이다.

4.3.2 기저 음장 인정에 대한 논리적 비판

말소리에서 의미의 변별적 기능은 음소와 운소가 담당한 것으로 알려져 있다. 현대 한국어에서도 음소뿐만 아니라 음장에 의한 의미 변별이 존재하는 것으로 과거부터 이해해 왔다. 그런데 현대 한국어의 음장이 의미 변별에 체계적으로 기능한다는 데는 이견이 존재한다. 음장 연구에 대한 접근을 굳이 구별하자면 현실 발음을 존중하려는 태도와 규범성을 중시하려는 태도로 가를 수 있을 듯하다. 전자는 현대 한국어에서 음장 기능이 대체적으로 소멸했다고 보고 있으며, 후자는 음장이 여전히 의미 변별 기능을 담당한다는 입장을 견지한다.

음장 기능에 대한 이견은 현대 한국어학의 이른 시기인 1960년대(이숭녕, 1960) 이미 제기되었고, 그 이후 적지 않은 연구들에서 운소로서의 음장의 기능이 소멸 중이거나 소멸되었다는 견해를 밝히기도 하였다. 반면에 한편에서는 음장의 운소 기능을 적극적으로 인정하는 견해를 유지해 왔다. 음장의 기능에 대한 이견과 더불어, 음장 변동 현상에 대해서도 두 시각이 견지하는 태도는 다르지 않다. 더욱 혼란스러운 문제는 동일한 언어 현실에서 실시한 직접적인 자료 조사를 통해서도 두 태도는 서로 다른 결과로 도출된다는 점이다.

직접적인 관찰 결과가 서로 다르다면 음운 현상의 검토를 통해 운소 체계의 유무를 간접적으로 증명하는 것도 하나의 가능한 설명 방법일 것이다. 운소 체계가 존재한다면 그로부터 비롯될 음운 현상이 규칙적으로 대응하여 나타나는 것이 언어 보편적 현상이기 때문이다. 다시 말해 운소 체계가 존재하지 않는다면 관련 음운 현상이 규칙적으로 나타나기가 어렵다는 것을 의미한다.

이런 관점에서 접근하여, 이 절에서는 직접 조사라는 방법을 선택하기보다 관련된 규칙과 제약에 대한 설명을 논리적으로 살펴봄으로써 기저 음장과 음장 변동 현상의 규칙성 여부를 규명하고자 한다.

4.3.2.1 음장 변동 현상은 규칙적인가?

현대 한국어에는 음운 층위의 음장 변동과 관련하여 두 가지 현상을 거론할 수 있다. 기저 장음의 변화인 단음화와 음절 축약으로 인한 보상적 장음화가 그것이다. 음운 층위의 음장 변동이라 함은 음절, 형태나 단어 결합 과정에서 나타나는 음장 변동을 이야기한다. 음운 층위의 음장 변동과 구별하여 음성 층위의 음장 변동이 있을 수 있다. 이는 기존 논의에서 주로 음장의 표현적 기능으로 지칭된 것으로 강조나 초점, 화자의 감정을 나타내기 위한 음장 변동 현상이다. 이외에도, 안병섭(2008)에서는 운율(음성) 층위의 음장 변동 현상으로 1음절 강세구의 장음화, 억양구 경계 음절의 장음화 등을 거론하기도 하였다.

여기서는 두 음장 변동 현상들과 관련된 규칙이나 제약의 설명 과정을 따라가면서 기존 설명이 갖고 있던 논리적 문제점들을 짚어보기로 한다.

4.3.2.1.1 기저 장음의 단음화에 대한 검토

기저에 장음을 가진 것으로 인정했던 어휘를 다시 살펴 보자.

(3) 가. 눈-눈:, 말-말:, 밤-밤: 등

나. 감:다, 돌:다, 많:다, 멀:다, 밟:다, 신:다, 안:다. 알:다, 얇:다, 웃:다 등

(가)는 음장에 의해 의미가 구별되는 체언의 단어쌍이며, (나)는 단음절 어간이 장음으로 실현되는 용언의 예들로 언어 규범에서 인정한 바 있고 「표준국어대사전」(국립국어원)에도 음장을 충실히 반영하고 있다. 그런데 이들 예는 합성어 형성이나 활용 과정에서 음장 변동을 동반한다. (가)의 예는 합성어 형성 시에 장음을 가진 음절이 어느 위치에 놓이는가에 따라 음장이 달라지는 것으로 보고되었다.

(4) 가. 눈:뭉치, 눈:보라, 눈:사람

가'. 첫눈, 밤눈, 진눈깨비, 싸락눈, 함박눈

나. 말:동무, 말:소리, 말:싸움, 말:씨, 말:장난

나'. 참말, 거짓말, 서울말, 시골말, 중국말

다. 밤:꽃, 밤:나무, 밤:밥, 밤:송이

다'. 군밤, 찐밤, 쪽밤, 꿀밤

(가, 나, 다)는 합성어 형성 과정에서 장음을 가진 음절이 복합어의 선행 요소로서 1음절 위치에 놓인 경우로, 기저 장음을 그대로 유지하게 된다. 그러나 (가', 나', 다')는 장음을 가진 음절이 복합어의 후행 요소로 결합하면서 장음을 상실하고 단음화된 것으로 이해된다.

(3나)의 예들도 복합어 형성 과정인 다음의 예에서 (4)와 동일한 음장 변동 양상을 보이는 것으로 파악된다.

(5) 가. 감:치다/감:치기, 많:이, 벌:리다.
나. 휘감다, 수:많이, 떠벌리다

(가)는 기저 장음을 가졌던 '감:다, 많:다, 벌:다' 등이 파생어 형성 과정에서 장음의 용언 어간이 1음절에 위치하는 예들로 장음을 그대로 유지하고 있으며, (나)는 기저 장음의 용언 어간이 2음절 이후에 위치하면서 단음화의 과정을 겪게 된다. 이들을 통해서 기저 장음이 실현되기 위한 조건으로 단어 내 음절 위치가 고려될 수 있다. 따라서 다음과 같은 음장 변동 제약이 성립될 수 있다.

(6) 음장 변동 제약 1
기저 장음은 단어 첫음절에서만 장음이 실현되고, 단어 합성 과정에서 2음절 이하에 위치하면 기저 장음을 상실한다.

(4)와 (5)의 예를 통해, 이러한 기저 장음의 변동은 일견 매우 규칙적인 것으로 보여서 기저 장음이 단어의 1음절에 위치할 경우 기저 장음을 유지하나, 2음절 이하에서는 기저 장음이 단음화되는 것으로 설명될 수 있다. 그러나 다음과 같은 활용의 예와 일부 합성어의 경우에서 이러한 규칙성은 일관성을 유지하지 못하게 되어, 제약 (6)에 모순되는 음장 변동 규칙을 필요로 하게 된다.

(7) 가. 감:다-감으니, 넘:다-넘으면, 닮:다-닮아, 묻:다-묻어, 밉:다-미워, 밟:다-밟으면, 붓:다-부어, 살:다-살아, 신:다-신어, 알:다-알아,
나. 끌:다-끌:어, 떫:다-떫:은, 벌:다-벌:어, 썰:다-썰:어, 없:다-없:으니, 작:다-작:아, 적:다-적:어, 멀:다-멀:어, 얻:다-얻:어, 웃:다-웃:어, 엷:다-엷:어

위의 예들은 기저 장음을 가진 단음절 용언 어간에 모음으로 시작된 어미가 결합하는 경우인데, '표준발음법'과 음장의 기능을 적극적으로 인정하는 논의들에서는 (가)를 단음화의 과정을 겪는 것으로, (나)의 경우는 장음을 그대로 간직하는 것으로 설명하고 있다.

단어 내 첫 음절 위치에서는 기저 장음을 유지한다는 (6)의 제약을 고려한다면 (7가)가 제약을 어긴 경우이며 (7나)는 제약을 지킨 경우로 설명되어야 할 것인데, '표준발음법(제3장 7항 1조)'에서는 오히려 (7가)를 규칙으로 삼고 있고 (7나)의 경우를 예외로 처리하고 있다.

그러나 기저 음장의 실현 제약인 단어 내 1음절 위치라는 조건을 어기지 않았음에도 불구하고 단음화되는 것을 논리적으로 설명하기 어렵다. (7)를 보면, 기저 장음이 단음화되는 조건이 명쾌하게 설명되지 않는다. 음운론적 조건으로도 설명하기 어렵고, 형태론적 조건으로도 설명하기 어렵다.

(6)의 제약과 상반된 (7)의 논리적 모순을 극복하기 위해서는 (7가, 나)를 설명할 다음과 같은 제약을 다시 설정하되, (7가)의 경우가 제약을 지킨 것으로, (7나)를 예외로 처리할 수밖에 없다.

(8) 음장 변동 제약 2

기저 장음을 가진 단음절 용언 어간이 모음으로 시작하는 어미, 모음으로 시작하는 명사 형성 접사와 결합할 때는 장음을 상실한다.

그런데 (7)과 같은 경우는 기저 장음을 가진 단음절 용언 어간에 피동과 사동의 접사가 결합하는 다음에서도 동일한 양상을 보인다.

(9) 가. 감:다-감기다, 넘:다-넘기다, 꼬:다-꼬이다, 밟:다-밟히다, 안:다-안기다, 옮:다-옮기다, 알:다-알리다, 울:다-울리다 등

나. 걸:다-걸:치다, 끌:다-끌:리다, 썰:다-썰:리다, 없:다-없:애다, 졸:다-졸:리다 등

(9)에 대한 설명 또한 (7)과 마찬가지로, 피동·사동의 접사가 결합하여 장음의 어간이 단음화되는 것을 규칙으로 설명하고 있으며, 장음이 유지된 (9나)의 경우를 예외로 처리하고 있다('표준발음법' 제3장 7항 2조). 따라서 (9)의 예들도 (6)의 제약과 어긋난 경우이므로 이를 논리적으로 해결하기 위해서는 (8)의 제약을 다음과 같이 보완해 다시 설정할 필요가 있다.

(10) 음장 변동 제약 2 보완

기저 장음을 가진 단음절 용언 어간이 모음으로 시작하는 어미, 모음으로 시작하는 명사 형성 접사, 피동·사동의 접사와 결합할 때는 장음을 상실한다.

그러나 (10)의 제약 또한 형태론적, 음운론적 조건으로 (9)의 경우를 분명하게 설명하기 어렵다.

결국 (10)의 제약 설정은, 제약 (6)을 어긴 (7가)와 (9가)의 경우에 대해 이론적 해결 방법은 될 수 있겠으나 각각 (7나)와 (9나)를 설명할 수 없기 때문에 합리적 설명 방법이라 할 수 없다. 다시 말해서 지금까지 거론한 많은 예들로 설정한 (6), (8), (10)의 제약은 논리적 모순 관계이다. 그렇다고 제약 간의 위계 관계를 갖는다고 보기도 어려워, 현실 언어의 다양한 예들을 일관적으로 제어하지 못하고 있다.

그런데 다음의 예를 접하면 새로운 음장 변동 제약이 필요하며, 이 제약의 예외를 다시 설명해야 한다.

(11) 가. 이다→여:, 시어→셔:, 주어→줘:, 꾸어→꿔:, 쑤어→쒀:, 하여→해:, 되어→돼:

나. 띠어→떠:, 뵈어→봬:, 쇠어→쇄:, 죄어→좨:, 괴어→괘:,

다. 싸이다→쌔:다, 누이다→뉘:다, 트이다→틔:다, 쏘이다→쐬:다

(가)는 기저 장음을 가진 단음절 어간의 용언이 활용하여 어간이 '-어/-아, -아라/-어라, -았다/-었다' 등의 어미와 결합하여 한 음절로 축약되면 장음으로 발음되는 현상을 보여 준다. (나)는 기저 장음이 모음으로 시작하는 어미와 결합하여 단음화된 후 두 음절이 한 음절로 축약될 때 다시 장음으로 발음나는 경우이다. 단음절 어간과 피동, 사동의 접사와 축약된 (다)의 경우에도 장음으로 발음된다. 따라서 다음과 같은 음장 변동 제약을 설정할 수 있다.

(12) 음장 변동 제약 3

기저 장음을 가진 단음절 용언 어간이 모음 어미나 피동, 사동의 접사와 축약되면 장음이 실현된다.

그러나 이것도 마찬가지로 '한글맞춤법'과 '표준발음법'에서는 다음과 같은 예외들이 있음을 인정하고 있어 절대적인 제약이라고 볼 수 없다.

(13) 가. 오아→와

나. 지어→져, 찌어→쪄, 치어→쳐

다. 가아→가, 서어→서, 켜어→켜

마지막으로, 다음 예들을 접하면 더 이상 관련 제약을 설정하기가

무의미하다 점과 함께 음장 변동 현상이 비규칙적이라는 점이 더욱 뚜렷이 부각된다.

(14) 가. 밀물, 썰물, 쏜살같이, 작은아버지
나. 웃:다-웃음-비웃다, 몰:다-몰이-휘몰다 등

(15) 이 밤이, 그 사람도, 저 오리는

(14)의 예들은 기저 장음을 가진 음절이 1음절에 위치함에도 불구하고 (6)의 제약을 받지 않은 경우이다. (15)의 예들은 더욱 설명하기 어려운 단음화의 예이다. 합성어나 파생어 형성도 아니며 용언의 활용형도 아니다. 그럼에도 불구하고 구 형성 과정에서 기저 장음이 단음절 지시어 다음의 2음절에 위치하면 단음화를 겪은 것으로 판단하였다. (14)와 (15)의 예는 표준 발음법에서도 단음화로 인정하고 있는 것들이어서, 음운 층위의 음장 변동에 대한 제약들이 비일관적임을 드러내고 있다.

지금까지의 논의로 보건대, 활용이나 합성어 형성 등의 과정에서 기저 장음이 변동을 겪는 양상을 통해서 형태론적, 음운론적 조건들을 분명하게 제시하기가 쉽지 않고, 관련된 제약 설정 자체가 무의미할 만큼 음장 변동의 규칙성을 찾기가 어려움을 확인할 수 있었다. 이것은 기저의 음장 변동이 규칙성을 찾기 어려울 만큼 비규칙적임을 의미한다.

4.3.2.1.2 비음절화와 보상적 장음화에 대한 검토

기저 장음과 관련 없이 음운 층위에서 일어나는 음장 변동 현상으로 보상적 장음화가 있다. 보상적 장음화에 대해 이론적으로 검토해 보기로 하자.

현대 한국어에는 다음과 같이 음운론적 공모를 보이는 현상이 존재하는 것으로 많은 연구들에서 거론되었다.

(16) 가. 마음~맘:, 가을~갈:, 내일~낼:[1)]
가'. 저어서~저:서, 나아서~나:서
나. 아이~애:~애, 사이~새:~새
다. 시험~셤:, 두엄~뒴:

일반적으로 (가)는 모음 탈락으로, (나)는 모음 축약으로, (다)는 활음화로 알려진 현상인데, 이 세 음운 현상은 모음 충돌 회피라는 공모성을 갖는다. 그런데 이들 음운 현상은 모음 충돌 회피라는 공모성 외에도 두 가지 공통적인 양상을 보인다. 비음절화 과정이 진행되었다는 점과 축약된 음절에서 장음화가 일어났다는 점이다. 다만 (가, 가', 다)는 공시적 현상으로 인정되나, (나)는 통시적으로 재어휘화(아이>애:, 사이>새:)가 진행된 것이므로, 이를 공시적인 규칙인 보상적 장음화와 관련해서 논의하기에는 적절하지 않아 보인다.

이와 같은 일련의 음장 변동 과정을 보상적 장음화로 부르며, 이는 음운 결합 과정에서 겪게 되는 비음절화의 결과로써 규칙적인 것으

---

1) (가')의 예를 본 연구에는 동일 모음 탈락으로 보았지만 보는 관점에 따라 모음 축약으로 보는 입장도 가능하다. 여기에서는 편의상 분절음을 기준으로 하여 'A+B=A 또는 A+B=B, A+A=A'가 되는 경우를 탈락으로 보고, 'A+B=C'의 경우만 축약으로 본다. 또한 (가)는 음운의 영역을 초분절음 층위까지 고려한다면 탈락 이전의 분절음이 갖고 있던 시간성을 보상하는 차원에서 장음화가 실현된 것이므로 단순히 모음 탈락으로 볼 수 없다는 견해도 제기될 수 있다. (가')의 경우와 마찬가지로 여기서는 분절음을 기준으로 용어를 정리하는 입장을 취하고자 한다.

로 이해되었다. 그에 따라 보상적 장음화에 대한 연구는 음절 음운 이론이나 모라 이론 등 음운 이론을 수용하여 그 규칙성을 이론적으로 밝히려는 여러 시도들이 있었고 설명력이라는 측면에서 일부 성공을 거두기도 하였다. 두 이론에서 설명하는 방식은 다음과 같다.

(17) 음절 음운 이론

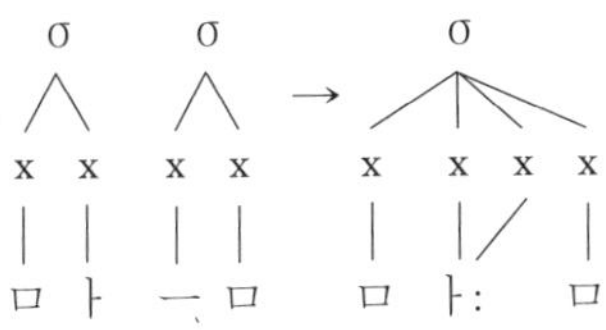

(18) 모라 이론

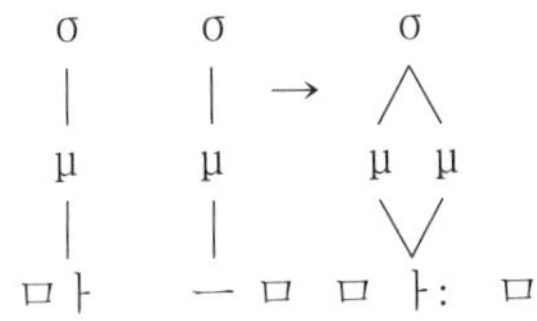

이러한 설명은 분절음 층렬과 초분절음 층렬이 자립적으로 행동한다는 자립 분절 음운론에 입각한 것이다. 분절음과 음절 사이에 CV 층렬을 설정하거나 골격(x) 층렬을 설정하는 음절 음운 이론과, 음절 하위 층렬로 모라 층렬을 설정한 모라 이론에서는 분절음과 시간 단위를 분리함으로써 비음절화 과정에서 일어나는 장음화 현상을 무리 없이 설명할 수 있었다. 각 음절에 할당되었던 시간 단위들이 분절음 탈락과 함께 시간 단위만 남아, 축약된 음절에 연결되는 것으로 장음화를 설명할 수 있기 때문이다. 두 이론 중에서도 모든 분절음의 시간 단위가 동일하지 않다는 비판을 통해서 모라 이론이 언어 사실에 더욱 부합된 것으로 인정받기도 하였다.

두 이론이 분절음 층위에서 시간 단위 층위를 분리해 낸 것은 언어의 특성을 파악하는 데 많은 기여를 한 것으로 보인다. 그러나 분절음의 탈락이나 약화에 의해 발생하는 음장 변동 가운데 유독 장음화를 수반한 경우에서만 설명력을 제공한다는 점에서 두 이론에 의지한 설명들이 모두 현상의 결과에 치우친 이론적 설명에 머물렀다는 점을 언급하지 않을 수 없다.

왜냐하면 언어 현실에서 자주 관찰할 수 있는 다음과 같은 경우에서는 보상적 장음화에 의한 논리적 설명력을 보장받기 어렵다.2)

(19) 가. 그런데~근데, 그리구~글구, 아무튼~암튼,

나. 어디 있어~어딨어

다. 재미있다~재밌다, 이리로~일로, 저리로~절로

라. 오-+-아→와, 지-+-어→저, 찌-+-어→쩌, 치-+-어→처

(19)의 예들은 모두 보상적 장음화의 예외로 처리되던 것인데, 음절이 축약되었음에도 불구하고 장음화를 겪지 않았다. (가)는 형태소 내부에서, (나)는 구 결합에서, (다, 라)는 단어 내부의 형태 결합에서 음절 축약이 일어났다.

그런데 음운 변동에 의해 겪게 된 장음화 과정에서 설명력을 확보했던 음절 음운 이론과 모라 이론이, 비음절화 과정에도 불구하고 장음화를 수반하지 못한 위와 같은 경우에서는 설명할 방법을 찾기가 어렵다. 이론적 설명력만을 내세운다면 (17, 18)의 구조에서 시간 단위인 골격이나 모라가 분절음 단위와 함께 탈락한 것으로 이해할 수도 있고, 또 이론에서도 그렇게 설명했다. 그러나 (16)의 예에서는 분절음이 탈락함에도 불구하고 시간 단위가 남아서 축약된 음절에 장음화를 유발한다고 설명한 반면에 (19)와 같은 경우에는 시간 단위가 왜 분절음과 함께 탈락하는지를 설명할 음운론적 동인을 거론하기가 어렵다.

게다가 용언의 축약된 활용형들에서 보상적 장음화가 필수적으로

---

2) 보상적 장음화의 수의성에 대해서는 고광모(1991), 김종규(2006), 안병섭(2008)에서 언급한 바 있다.

발생하느냐 하는 문제는 다음 예에서 더욱 구체화되어, 음운론적 장음화가 분절음 층위와 관련된 논의로 순전히 진행될 수 없음을 확인하게 된다.

(20) 여기 봐① 봐②[3)]

'봐①'과 '봐②'는 음절 축약이라는 음운 변동을 동일하게 겪었으나 '봐②'의 음절 길이가 '봐①'에 비해 상대적으로 길게 실현됨을 짐작할 수 있다. 위의 예를 논리적으로 설명하기 위해서는 두 가지가 해명되어야 할 것이다. 첫째, 동일 발화 내에서 동일한 음운 현상을 겪은 두 경우에서 장음화가 왜 달리 실현되는가 하는 문제이다. 둘째, 장음화가 왜 '봐①'에서 실현되지 않고 '봐②'에서만 실현되었는가에 대한 필연적인 설명을 찾아야 한다는 점이다.

그러나 이 두 가지에 대한 음운론적 해명은 요원해 보인다. (18)의 발화를 보상적 장음화로 설명하려는 노력은 오히려 보상적 장음화가 지니고 있는 비논리적 설명력을 더욱 증명하는 셈이 된다. '봐②'에서 발생한 장음화는 근본적으로 음운 층위에서 논의될 성격이 아니기 때문이다. 장음화된 '봐②'는 일반적으로 억양구 경계에서 나타나는 장음화(final lengthening)로 이해해야 하기 때문에, '봐①'과 '봐②'에서 다른 양상을 보인 음장 실현은 운율 구조적 차이에서 비롯된 것으로 해석하는 것이 옳다. 이와 같은 이유로 위에서 제시한 두 문제의 일부분을 설명할 수 있겠으나 여전히 보상적 장음화가 일어나지 않는 원인을 설명하기는 어렵다.

---

3) 의도한 발화가 아니라면 '봐①'와 '봐②'는 모두 [+labial] 자질을 지닌 초성과 활음이 연쇄할 수 없다는 표면음성제약에 의해서 [바]로 실현된다. 규칙순 중심의 설명으로는 음절 축약이 이루어진 다음 표면음성제약에 의해 활음이 탈락된 것으로 이해될 수 있다.

보상적 장음화는 근본적으로 음소 변동에 의한 양적(quantitative) 보상, 즉 분절음이 갖고 있던 시간을 유지하려는 현상으로 이해되며, 한국어를 포함한 많은 언어에서 보상적 장음화는 주로 분절음 모음의 변동에 의해 발생하는 음장 변동으로 알려져 있다. 그런데 앞에서 논의한 것과 같이 지금까지의 보상적 장음화에 대한 연구들은 두 가지 논리적 문제를 안고 있다.

하나는 장음화가 실현된 (16)의 경우에만 성공적으로 시간의 보상성을 설명해 왔다는 것이다. 비음절화를 겪었음에도 불구하고 분절음이 갖고 있던 양적 보상이 실현되지 않은 (17)의 경우가 언어 현실에서 관찰되는 데도 이에 대한 이론적 설명을 하지 못하고 있다는 것을 지적할 수 있다. 다른 하나는 현대 한국어에서 음소 변동 방법의 차이가 없음에도 불구하고 운율구 형성의 차이만으로 음장 실현이 달라진 현상을 보상적 장음화로 설명할 수 없다는 것이다. 이것은 보상적 장음화가 음운 변동과 관련된 필수적인 규칙이 아니라는 점을 보여주는 반증이다.

지금까지의 검토를 통해, 우리는 음운 층위의 음장 변동 현상으로 이해했던 기저 장음의 단음화 현상과 보상적 장음화 현상이 일관적으로 설명되지 않음을 볼 수 있었다.

4.3.2.2 음장 변동의 비규칙성이 갖는 의미

4.3.2.2.1 음장 체계의 붕괴와 현상의 비규칙화

앞에서 살펴보았듯이 현대 한국어의 음장 변동 현상은 그 규칙성을 찾아보기가 어렵다. 그런데 음장 변동 현상의 수의성은 이미 고광모(1991:12~47)에서 지적된 바가 있었다. 이 연구에서는 특히 음절 축약 과정의 보상적 장음화에 주목하였는데, 변별적인 음장이 존재하지 않을지라도 음성적인 층위의 보상적 장음화는 가능하다고 하였다. 그리고 변별적인 음장이 존재하건 그렇지 않건 간에 음성적 층위에서 일어나는 음절 축약에는 언제나 장음화가 수반하여 음성적인 장모음이 얻어지되, 그 음절 축약이 음운론적 층위에 이르면 변별적인 음장이 존재하지 않는 경우에는 음성적 장모음이 그 길이를 잃게 된다고 이해하였다. 이러한 논리적 설명 방법은 추상성이라는 문제를 배제하기 어려워 보이지만, 보상적 장음화가 음운적인 층위보다 음성적인 층위로 이해할 필요성이 있음을 보였다는 점에서 의의가 있다.

현대 한국어에서 관찰되는 장음화가 더 이상 음운 층위에서 발생하는 것이 아님을 주장한 김종규(2006)에서도 수의적 비음절화에 의한 장음화를 음성 층위의 문제로 보았다. 이 연구는 한국어가 진정한 보상적 장음화 계열의 언어가 아니라는 가설에서 출발하여, 수의적 비음절화에 의한 장음화는 한국어의 음보 구조를 유지하려는 운율 재조정 과정으로 이해하였다. 이 견해는 보상적 장음화가 규칙성을 잃고 수의적 현상으로 진행된 과정 이후를 대상으로 해야만 가능한 논의가 되며, 고광모(1991)와 마찬가지로 수의적 비음절화에 의한 장음화가 더 이상 음운적인 층위로부터 영향을 받는 것이 아니라 운율 층위와 보다 밀접하게 연관되어 있음을 보여주었다는 점에서 연구의 의의를 찾을 수 있다.

그렇다면 예전에 규칙적인 현상으로 여겼던 음장 변동 현상이 근래에 들어 규칙성을 찾아보기 어려운 수의적 현상으로 변화한 것을 어떻게 받아들여야 할까?

언어는 체계와 구조로 되어 있다고 가정되었다. 체계 수립은 주로 언어 조사를 통한 정밀한 기술(description)을 바탕으로 이루어지며, 수립된 체계를 바탕으로 해당 언어의 구조를 밝히는 작업이 진행된다.

이때 해당 언어의 구조 해명은 언어 현상의 양상과 원인을 밝히는 작업을 거쳐서 해당 언어의 언어 단위를 설정하고, 단위들 간의 결합이나 작용 양상을 예측할 수 있게 한다. 언어 변화는 주로 체계에서 비롯되어 구조의 변화로 이어지며, 여러 언어 현상에 영향을 미친다. 그러한 영향 가운데 하나가 언어 현상의 규칙성 상실이다. 그리고 체계의 변화가 구조나 음운 현상에 영향을 미친 경우는 현대 한국어에서보다 오히려 한국어의 역사에서 분명하게 확인할 수 있다.

중세국어 시기에 모음 'ᆞ'의 소실과 근대국어 시기의 전설 모음 '에, 애'의 생성은 한국어 음운 체계 및 구조, 음운 현상에 많은 영향을 미쳤음은 이미 잘 알려진 사실이다. 물론 체계의 변화가 적극적으로 진행되기 이전에는 주로 음성적 변이형들이 먼저 생성되어 체계의 변화를 유도하는 것으로 파악된다. 근대국어 시기 전설 모음 '에, 애'가 생성되는 과정과 결과를 예로 들어보자. 이모음역행동화의 역사적 발단 과정을 연구한 신승용(1997)에서는 근대국어 모음 체계에서 전설 공간에 두 모음 '에, 애'가 자리잡기 이전에 한국어에 이미 하향이중모음 '에, 애'의 변이음으로써 단모음 '에, 애'가 존재하고 있었다고 보았다. 이후 변이음이던 단모음 '에, 애'의 지위가 확고해지면서 단모음 체계 내에 편입하게 되며, 이후 이모음역행동화가 활발하게 진행된다는 것이다. 음성적 변이음이 음운 체계의 변이를 주도하는 예는 다른 언어에서도 자주 나타나는 사실이다. 언어학에서 이러한 과정을 언어 변화의 보편적 과정으로 이해한다. 몇몇의 하향이중모음이 단모음 체계로 편입되면서 하향이중모음 체계 전체가 흔들리게 되고, 하향이중모음이 모음 체계에 편입된 이후에는 우리말 음절 자체가 하향이중모음을 가지지 못하는 구조로 변화하는 과정을 추정할 수 있다.

중세국어 시기부터 현대 한국어에 이르기까지 한국어의 음장이 발달하는 과정도 체계의 변화가 구조 및 음운 현상의 변화를 유도하고 있음을 증명해 주고 있다. 한국어의 음장은 중세국어에서 상성을 지닌 음절에서 발달된 결과로 보는 것이 일반적이다(허웅 1955, 이기문 1977, 김성렬 1991 등). 한편 중세국어 당시 상성이 아니었던 음절이 현대 한국어에 와서 장음을 지니게 되는 경우들도 관찰된다. 이에 대해서는 중세국어에서 상성을 지닌 음절이 장음으로 발달하여 이미 한국어에 음장에 의한 의미 대립 체계가 수립된 이후에 겪은 과정으로 설명하고 있다(한영균 1988, 고광모 1991). 특히 고광모(1991)에서는 음성적으로 길어진 모음이 변별적인 장모음이 될 수 있으려면 그 언어에 장단의 대립이 있어야 한다고 보기도 하였다.

결국 한국어는 '성조 체계 소멸→음장 체계 발달'이라는 운소 체계의 전반적인 변화 과정을 겪은 후, 음절이나 형태 결합 과정에서 다양한 음장 변동 현상이 발달한 과정으로 이해된다. 그리고 그러한 음장 변동 현상은 매우 규칙적인 것으로 파악되었다.

그러나 앞에서 보았듯이 현 시기에 이르러서는 음장 변동의 그러한 규칙성이 상당히 파괴되었다. 매우 규칙적이었던 음장 변동 현상이 그 규칙성을 일관적으로 설명하기 어려울 만큼 파괴된 이유는 무엇일까? 그것은 운소 체계의 소멸, 다시 말해서 운소로서의 음장의 기능이 붕괴된 데에서 비롯되었다고 판단한다. 그리하여 과거에 분절음 변동이나 음운적 조건으로 설명되었던 보상적 장음화와 음장 변동 규칙들이 현재에 이르러서는 분절음 변동이나 음운적 조건들과 관련이 없는 현상이 되었으며, 그리고 음운적 조건들로 예측할 수 없는 수의적 현상으로 그 성격을 달리하게 된 것이다. 다시 말하면, 현대 한국어의 음장 변동 현상은 음운 층위에서 설명될 것이 아니라 음성 층위 혹은 운율 층위에서 설명되어야 할 성질의 현상임을 의미한다.

4.3.2.2.2 언어 지식과 언어 사용의 문제

그럼에도 불구하고 음장이 운소 기능을 담당한다는 데에는 상반된 의견이 존재하는 것은 왜일까?

1960년대 연구에서 음장의 기능이 혼동을 겪고 있다고 지적된 이후부터 현대 한국어에서 음장의 의미 변별력에 대한 논의는 최근까지 꾸준하게 진행되었지만 음장의 기능이 소멸되었다는 견해와 소멸 중이라는 견해, 음장이 적극인 기능을 하고 있다는 견해들이 여전히 공존하고 있어서 음장의 의미 변별력에 대한 합의점에는 도달하지 못하고 있다.

음장의 기능과 관련해 학계의 논의가 합의점을 찾지 못하고 평행선을 유지한 채 지속될 수밖에 없었던 배경으로 연구자들의 자료 조사 방법의 문제를 거론할 수 있을 것이다. 특히 연구자들의 연구 과정상에서 일치하지 않았던 몇 가지 문제점들이 주요 원인이 된다고 판단된다.

기존의 연구들에서 취한 조사 방법들이 일부 한계를 노정하고 있기도 하며, 소멸의 기준으로 다수 언중을 인정할 것이냐 전체 언중을 인정할 것이냐 하는 문제에 대해 합의를 하지 못한 점도 언급될 수 있다. 이 두 가지 문제는 현실 언어를 연구하는 방법의 문제이기도 하지만 언어를 조사하고 일반화하는 과정에서 발생할 수 있는 문제라는 점이 더 크게 작용하기 때문에 반드시 짚고 넘어가야 할 필요가 있다.

특히 음장의 기능을 적극적으로 인정하는 연구들 가운데는 설문조사를 통한 어휘 조사 방법이나, 음장에 의해 의미가 구별되는 단어쌍을 제시하여 언어 자료를 확보하는 조사 방법, 아나운서 발화 자료 분석 등을 자료 수집 방법으로 선택하고 있어 자료 수집 과정이 적절하다고 보기 어렵다.

설문조사를 통한 어휘 조사 방법은 실현된 음성형의 조사가 아니라 의식적으로 사용되는 언어 지식의 조사라는 문제점을 내포하고 있다. 또한 그러한 설문 조사들은 대부분이 단어쌍을 직접 제시하거나 간단한 문장을 제시하여 조사하는 방법을 취하고 있다. 그런데 교육에 의해 장단 구별이 존재한다는 지식을 알고 있는 피실험자에게 음장에 의해 의미가 구별되는 대립쌍들이 제시되면, 피실험자는 실험의 의도를 쉽게 간파한다. 그러면 피실험자는 장단에 의해 의미 대립을 이루는 단어들이 이미 활성화돼 있을 가능성이 크고, 그로 인해 의식적으로 장단을 구별하려는 경향이 있음을 배제할 수 없다는 문제점이 지적될 수 있다.

이밖에도 언어 규범을 기준으로 기저 음장을 인정하는 견해도 있다. 그러나 언어 규범은 현재의 언어 현실을 반영한다기보다는 지난 시기의 언어 현실을 반영한 결과로 이해하는 것이 일반적이다. 따라서 언어 규범의 연구를 통해 현 시기에 음장이 존재한다고 주장하는 견해는 현실 언어 상황을 제대로 반영하였다고 보기 어렵다. 언어에 관한 지식과 언어 수행 능력이 언어의 두 가지 국면이라고 볼 때, 음성 자료는 언어 수행을, 사전 자료나 언어 규범은 언어에 관한 지식을 보여주기 때문이다.

이와 관련하여 방송 아나운서의 발음을 토대로 음장의 기능을 판별하는 방법 또한 적절한 자료 수집 절차로 보기 어렵다. 아나운서는 언어 규범을 준수하기 위하여 전문적으로 발음 교육을 받은 집단이기 때문이다. 따라서 방송 아나운서의 발음을 토대로 음장의 기능을 판별하는 방법은 언어 규범을 근거로 음장의 기능을 인정하는 견해들이 갖고 있는 문제점을 고스란히 지닐 수밖에 없다.

음운 규칙은 의식적으로 지켜야 하는 외부적 규범이라기보다는 해당 언어를 말하는 사람들의 머릿속에 무의식적으로 담겨 있는 내재된 지식이다(신지영 · 차재은 2003:157). 따라서 차재은(2009:177)에서 언급하였듯이 언어 규범에 나타난 음장 연구는 언어에 대한 지식의 흔적을 연구하는 것이지 현실 언어에 대한 연구라고 보기 어렵다. 언어 지식과 언어 수행이 일치하지 않음은 박경래(1993:72)를 통해서도 확인할 수 있다.

표 4-1 충주 방언에서 관찰된 세대별 음장의 변별과 구별 정도

연령층	음장의 변별 정도	음장의 구별 정도
80대	95.8	100.0
70대	94.4	100.0
60대	68.8	89.6
50대	19.3	93.2
40대	8.0	77.3
30대	6.9	62.5
20대	2.8	58.3
10대	0.6	46.9

위 표는 충주 지역을 대상으로 하여 세대별 음장의 변별 정도와 구별 정도를 보여준 예이다. 음장의 변별 정도는 음장을 변별하여 발화하는 정도를 이야기하는 것으로 언어 수행 측면이며, 음장의 구별 정도는 주어진 단어들에 대한 음장 구별 정도를 의미하므로 언어 지식 측면이다.

우리가 여기서 주의 깊게 보아야 할 것은 음장의 변별 정도가 50대와 60대에서 큰 격차를 보인다는 점이다. 이는 50대 이하에서는 음장이 운소로서의 기능을 담당하고 있지 않다는 것을 의미한다. 그러나 언어 지식이라고 할 수 있는 음장의 구별 정도는 50대가 60대보다 오히려 더 높게 실현되었고, 세대가 낮아질수록 그 비율은 점진적

으로 낮아지고 있다. 그리하여 음장이 아무런 기능을 하지 않은 10대(0.6%)와 20대(2.8%)에서도 음장에 대한 지식이 어느 정도 있음(각각 46.9%, 58.3%)이 확인되었다.

이와 같이 언어 지식의 국면과 언어 수행의 국면은 일치하지 않는다. 따라서 아나운서 발화와 같은 규범적인 발화 자료나 표준발음법, 사전의 발음 표기와 같은 언어 규범은 음장을 판단하는 자료로써 적합하지 않다. 규범적인 발화 자료나 언어 규범은 현재의 언어 현실이 아니라 우리가 과거에 갖고 있던 지식이므로, 음장의 기능 여부를 판단할 근거가 될 수 없다.

4.4 장음화의 종류와 기능

특정 형태소에 내재된 장음의 경우가 아니라 언어 단위 연쇄 과정에서 발생한 장음화라면, 그것은 단순한 음절 길이의 증가가 아닌 언어의 특정한 속성을 반영하려는 언어 현상으로 이해할 필요가 있다. 그동안 한국어 음운론 연구에서 음절의 시간 길이와 관련하여 주목하였던 보상적 장음화가 그 대표적인 예로 지적될 수 있을 것이다. 보상적 장음화는 형태소 내부이든 형태소 결합 과정에서든 음절과 음절의 축약 과정에서 삭제된 음절의 시간 구조를 보상하려는 현상으로 이해해 왔다. 그러나 앞 절의 논의 과정에서 음운론적 장음화인 보상적 장음화 외에도 특정 발화 위치에서 실현되는 운율 구조적인 장음화와 의미 강조를 위해 음절 돋들림을 실현하는 과정에서 발생한 장음화가 있음을 언급하였다. 발화의 특정 위치에서 일어나는 장음화는 운율 구조와 관련된 장음화이므로 운율 구조적 장음화로 부를 수 있으며, 음절 돋들림을 실현하는 과정에서 발생한 장음화는 의미 강조와 관련되어 있으므로 의미 구조적 장음화로 부를 수 있을 것이다. 이 두 장음화 현상은 분절음 환경에 의해 지배되지 않기 때문에 그동안 음운론적 논의에서 깊게 다루어지지 않고 음성적인 현상으로 분류해 왔던 것이다. 이와 방법을 같이 하여, 보상적 장음화는 음절의 시간 구조를 유지하려는 기제로 파악되기 때문에 음절 구조적 장음화로 이해할 수 있을 것이다. 따라서 발화 차원에서 일어나는 장음화를 기능에 따라 다음과 같이 분류하고 검토한다.

(21) 기능에 따른 장음화 분류

가. 음절 구조적 장음화
- 보상적 장음화 : 음절 축약에 의해 삭제된 음절의 시간 구조를 보상하는 기능

나. 운율 구조적 장음화
- 일음절 강세구의 장음화 : 리듬 유지 기능
- 운율 단위(억양구) 말 장음화 : 경계 표지 기능

다. 의미 구조적 장음화
- 돋들린 음절의 장음화 : 의미·정보 구조의 반영

4.4.1 음절 구조적 장음화

한국어에서 음장의 음운론적 역할을 음절 축약에 따른 보상적 장음화로 설명해 왔다.

(22) 보상적 장음화가 실현되는 예

가. 기어 → 겨(:), 보아 → 봐(:),
　　꾸어 → 꿔(:), 시험(試驗) → 셤(:)

나. 마음 → 맘(:), 가을 → 갈(:)

한국어의 보상적 장음화는 (가)와 같이 축약된 모음의 활음화를 동반하기도 하며, (나)의 경우처럼 모음을 탈락시키도 한다. 음절 구조적 장음화는 탈락된 음절의 시간 길이를 보상한다는 측면에서 운율 구조적 장음화로 이해될 수 있다. 그러나 시간 길이를 보상하는 차원이 음절 단위에 해당되므로, 여기에서는 음절 상위 단위의 시간 길이와 관련된 운율 구조적 장음화와 구별한다.

그러나 기저 음장의 경우와 마찬가지로 이 또한 실제 구어 자료에서는 보상적 장음화가 일관적으로 지켜지지 않는다는 연구 결과가 보고된 바 있다(김종규, 2006). 이를 근거로 한국어의 장모음화 현상이 모라의 시간 길이를 보상하는 과정으로 해석될 수 없음을 주장하였다. 논의 과정에서, 보상적 장음화가 폭넓은 언어 유형론적 분포를 기반으로 하지만 모든 언어에서 필수적으로 나타나지 않는다는 헤이스(Hayes, 1989)의 지적을 거론하면서, 보상적 장음화는 진정한 의미에서의 언어 보편적 현상이 아니라는 점을 한국어학 학자들이 그동안 간과하였다고 언급하였다. 또한 음절 구조에 따라 음절 무게를 구별하고 비음절화와 관련된 음운 현상이 관찰되기도 한 핀란드어에서조차도 장모음화 현상은 전혀 발견되지 않았음을 거론하면서 한국어의 보상적 장음화는 필수적인 현상이 아님을 보였다.

4.4.2 운율 구조적 장음화

운율 구조적 장음화는 운율 구조가 원인이 되어 실현된 장음화를 의미하며, 일음절로 강세구를 형성하는 경우와 억양구 말 음절에서 일어나는 장음화의 두 가지가 포함될 수 있다. 먼저 일음절로 강세구를 형성한 경우이다.

(23) 일음절 강세구의 장음화

가. 인구는 (쉬)$_{AP}$ 응하지 않을 자세로……

H H

나. (그)$_{AP}$ 은이 녹은 상태를……

L H

다. 의안대군의 (두)$_{AP}$ 아들과 후궁 소생으로……

L H

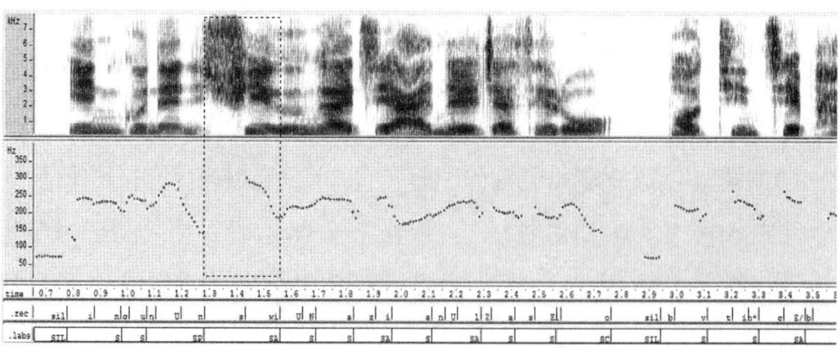

그림 4-2 일음절 강세구 '쉬'의 장음화

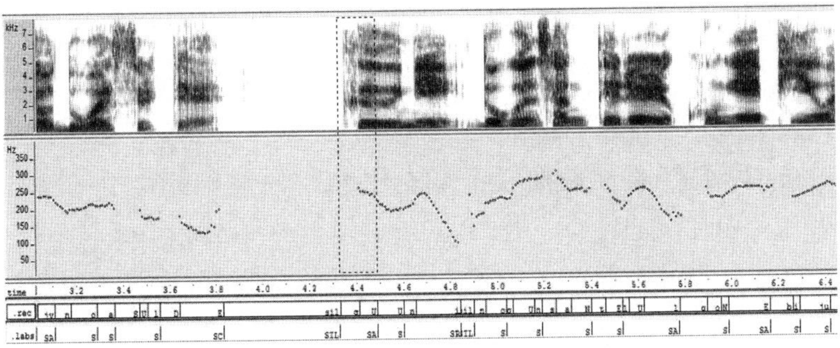

그림 4-3 일음절 강세구 '그'의 장음화

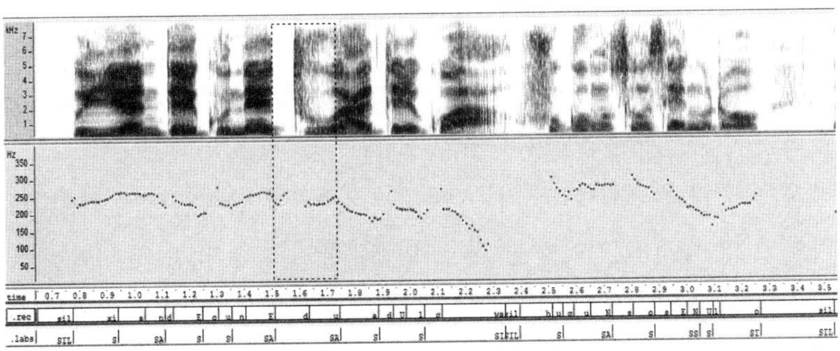

그림 4-4 일음절 강세구 '두'의 장음화

일음절 강세구는 성조를 두 개 배당 받으면서 장음화가 실현된 경우이다. 두 성조를 배당 받는 것이 음절 길이와 상관이 있는 것인지는 명확하게 밝히기 어렵지만 적어도 일정한 리듬을 형성하기 위해서임은 분명하다.

그러나 한 음절에 두 개의 성조가 배당되어 장음화가 일어나는 일음절 강세구의 경우를 근거로 성조를 시간 단위로 보기는 어렵다. 이러한 논의는 경계 성조와 더불어 논의되어야 할 것인데, 단일 경계 성조인 'H%, L%'의 경우에도 장음화를 동반하고 복합 경계 성조 'HL%, LH%, HLH% 등'의 경우에서도 장음화를 동반한다. 그런데 성조가 하나로 된 경계 성조이든 4개로 된 경계 성조이든 시간 길이에 대한 지각적 차이는 그리 크지 않은 것 같다. 이보다 더 큰 문제는 음절 수가 3음절 강세구나 5음절 이상인 강세구에서 나타난다. 성조를 시간 단위로 보면, 성조를 배당 받지 못한 음절은 이론적으로 시간 길이를 갖지 못하게 된다. 따라서 성조가 시간 단위라는 설명은 언어 사실과 거리가 먼 이론적 설명으로 흐를 위험이 있다.

발화는 일정한 리듬의 연속으로 이루어진다. 물론 일음절 강세구는 음절 자체로 리듬을 만든다고 볼 수도 있지만 그보다는 상위 단위인 강세구로서 설명되어야 한다. 따라서 (23)의 예를 통해서 강세구가 리듬을 형성하기 위해서는 최소 두 성조가 연속해 성조 연쇄 유형으로 나타날 때 가능하다고 볼 수 있다. 그러므로 일음절 강세구의 장음화는 리듬 구조 형성이라는 기능으로 설명된다.

운율 구조적 장음화의 다른 예는 억양구 말 음절의 장음화이다.[4] 억양구 말 음절의 장음화는 일음절 강세구와 같은 리듬 유지의 기능이 파악되지 않으므로 억양구 경계의 표지 기능을 하는 것으로 볼 수 있다. 물론 장음화 자체만으로 억양구 경계의 표지 기능을 담당하는 것은 아니다. 억양구 말음절에 실현된 경계 성조, 장음화와 억양구 사이에 실현된 휴지, 후행 억양구 초의 음높이 재조정 등이 억양구 경계의 표지 기능을 함께 담당하기 때문이다. 이 가운데 어느 하나만이 억양구 경계 표지 기능을 담당한다고 결론짓기 어렵다. 따라서 이들 공통된 기능을 묶어서 억양구 연접이라 부를 만하다.

한편 어휘 차원의 기저 음장이 발화에서 어떻게 실현되는가를 빠롤에 속하는 일종의 발화음운론으로 다룬 이병근(1986:14~16)에서

4) 발화에 따라서는 억양구 첫음절의 장음화 현상이 관찰되지만 실현 양상이 적극적으로 지켜지지 않는 것으로 보인다. 또한 억양구 말음절의 장음화는 분명하게 인지되는 반면 억양구 첫음절은 물리적인 시간 길이의 증가에도 불구하고 뚜렷하게 장음으로 인지되지 않는 측면이 있어 운율 구조적 장음화에 포함하여 설명하지 않는다.

는 통사적인 기능과는 직접적인 관계가 없이 자율적 자질이 형태소에 그 나름대로 내재되어 있다면 그것은 문장의 구성 요소로서의 형태소의 음운론적 표시 문제에 지나지 않는다고 언급하면서 한국어에서 음장은 발화 차원에서 연구되어야 함을 설명하고 있다. 그리고 음운 차원, 통사 차원, 발화 차원의 음장 차이를 다음과 같이 제시하였다.

(24) 이병근(1986:30)의 장음화 실현의 예

가. 통사적 차원 : /성질+이 사납+은 호랑이/
나. 음운적 차원 : 성질이 사나운 호랑이
다. 발화적 차원 : [성질이 사나운 호랑이]
[성질이 사나운]$_{BG}$ [호랑이]
[성질이]$_{BG}$ [사나운 호랑이]

※밑줄은 장음화가 실현된 음절

위 설명은 현대 한국어에서 음장이 더 이상 형태소에 관여하는 문제가 아니라 형태소 이상의 통사적 결합에서 그 구조와 관련된 것으로 보아야 한다는 것을 의미한다. 이병근(1986:15)에서도 음장이라는 운소가 단어 또는 형태소에 따라 일정하게 배정되지 않고 통사적인 단위나 구조에 따라 일정하게 배정되는, 고정적인 것이라면 그것은 통사음운적(phonosyntactic)인 성격의 것이라고 단언하였다. 또한 음운 차원의 장음이 발화 차원에서는 기식군(breath group; BG)에 따르되 오직 첫 음절에서만 단어 차원의 음장이 유보되고 그 이하 음절에서는 모두 단음으로 실현된다고 하였다.

그러나 이병근(1986)의 논의는 어휘 차원에서 논의되던 장음화를 통사 차원과 발화 차원으로 확대했다는 점에서 그 업적이 인정되지만 이러한 장음화 발생의 원인을 운율 구조적 차이에서 비롯된 것으로 파악하는 데까지는 나아가지 못하였다.

4.4.3 의미 구조적 장음화

발화에서는 의미와 관련된 장음화가 관찰되는데, 화자가 강조하고자 하는 부분이나 화자의 감정 등이 액센트로 실현되면서 장음화를 동반한다. 이와 같이 액센트는 발화의 의미 구조 또는 정보 구조와 관련되어 있기 때문에 액센트에 의해 실현된 장음화를 의미 구조적 장음화로 구분하였다.

연구에 따라서는 한국어 액센트가 음높이의 변화보다 음절 길이로 실현된다는 논의가 있긴 하였으나, 액센트의 운율적 특징은 복합적으로 산출·인지되는 것으로 보는 것이 보다 더 타당하다. 의미 강조를 위한 운율적인 조음 노력은 음높이, 길이, 세기 등 세 가지 운율 요소를 동반하는 것이 자연스럽기 때문이다. 때에 따라서는 음높이가 적극적으로 이용되기도 하고 음절 길이가 적극적으로 이용되기도 하여, 결정적으로 어느 한 요인으로 인해 액센트를 실현한다고 판단하기 어려운 경우가 있다.

이런 이유로 인해 한국어의 액센트를 고저 액센트로 보더라도 고저 액센트가 음높이의 변화만으로 실현된다고는 말할 수 없다. 실제로 한국어 음성 자료에서 액센트는 음높이의 변화라는 방법을 주로 이용하지만 장음화를 동반하기도 하며, 세기의 강화를 동반하기도 하기 때문이다.

액센트는 화자가 청자를 배려하기 위하여 의미를 분명히 하려는 의도인 만큼 화자의 여러 가지 조음적인 노력의 강화가 동반될 수 있다. 그 가운데 음절 길이가 길어지는 장음화 현상이 관찰된다. 그림 4-5를 보자.

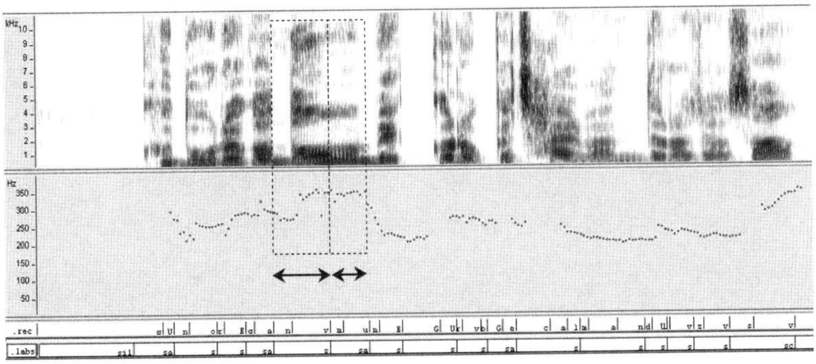

그림 4-5 액센트 실현 음절의 지속 시간 비교

그림 4-5에서와 같이 고저 액센트를 받은 음절 '너'가 후행하는 음절 '무'에 비해 상대적으로 긴 것을 관찰할 수 있다. 이와 같은 경우가 의미 구조에 의해 장음화가 실현된 예이다.

5장 강세구 형성의 운율 · 형태 · 통사적 기제

5.1 강세구의 시간 조정

음절이 한국어의 기본적인 시간 단위라는 개념은 음절마다 절대적인 등가의 시간을 갖는 것이 아니라 음절 수에 따라 발화 지속 시간이 달라지며, 그것이 시간 구조를 형성하는 데 관여한다는 것을 의미한다. 시간 구조를 형성하는 방법은 바로 상위 운율 단위의 직접 지배를 받는 음절간의 자율적인 시간 조정을 통해서 가능하다.

음절은 음절 구조 및 선후행 분절음에 따라 그 시간 길이가 다른데, 강세구를 이루는 음절의 구조와 선후행 환경이 다르면 음절 수에 따라 해당 강세구의 시간도 차이가 나야 한다는 것이 일반적인 추측이다. 그러나 음절의 지속 시간과 강세구의 지속 시간 측정 결과, 강세구를 구성하는 음절의 여러 조건들과 큰 상관없이 음절과 강세구 간에는 유기적인 시간 구조 형성 관계가 나타나는 것으로 보고되고 있다.

다음은 운율 구조적인 변인을 배제하기 위하여 세 개 이상의 강세구로 이루어진 억양구 내에서 두 번째 강세구들의 길이를 측정한 결과이다. 여기서 말하는 운율 구조적인 변인이란 운율 구조적인 위치가 음절의 시간 길이에 영향을 미치는 것을 말한다. 가령 억양구의 첫 음절에서 장음화(initial lengthening)가 관찰되기도 하며, 억양구 마지막 음절에서 장음화(final lengthening)가 관찰되기도 한다. 억양구 첫 음절의 장음화가 수의적인 모습을 보이지만 억양구 마지막 음절의 장음화는 절대적으로 실현된다. 따라서 통제되지 않은 자료를 대상으로 강세구 시간 길이 측정의 객관성을 확보할 필요가 있었기 때문에 억양구 첫 강세구와 억양구 마지막 강세구를 배제하고 두 번째 강세구를 대상으로 하였다.

표 5-1 강세구의 음절 수에 따른 강세구와 음절의 평균 길이

	2음절 강세구	3음절 강세구	4음절 강세구
강세구 평균 길이	360(ms)	425(ms)	477(ms)
음절 평균 길이	180(ms)	141.6(ms)	119.3(ms)
강세구 시간 길이의 상대적 비율	2	2.36	2.65

표 5-1에서 알 수 있듯이 음절 수가 증가할수록 강세구의 평균 시간 길이도 증가하지만, 음절 수가 적은 강세구의 평균 음절 길이는 음절 수가 많은 강세구의 평균 음절 길이보다 상대적으로 길다. 또한 강세구 내에서 음절의 시간 조정은 강세구 내 음절 수와 음절의 평균 길이와 관련해서도 관찰된다. 표 5-1에서 알 수 있듯이 2음절 강세구를 '2'로 하였을 경우, 정비례 관계라면 3음절 강세구는 '3'에 가까운 시간 길이 비율을, 4음절 강세구는 '4'에 가까운 시간 길이 비율로 나

타나야 하지만 측정 결과 4음절 강세구의 평균 시간 길이는 2.65m/s로 정비례 관계의 3음절 길이에도 미치지 못한다.

이와 같은 사실은 음절의 구조와 상관 없이 강세구 내에서 음절 간 지속 시간을 음절끼리 조정하여 강세구 전체의 상대적인 지속 시간을 일정하게 통제하는 것으로 해석된다. 상대적인 지속 시간은 리듬의 시간 구조에 대해 언중들이 느끼는 심리적인 등가의 시간 길이이다.

이러한 현상은 어중 경음의 경우에 구체적으로 증명된다. 경음은 격음이나 평음에 비해 폐쇄 구간의 내재적 길이가 길다. 그런데 강세구 내 어중에서 경음이 존재할 경우 선행 모음이 상당히 짧아지는 현상이 목격된다. 음성 환경에 따른 한국어 폐쇄음의 시간 길이를 측정한 실험에서(배재연 외, 1994)는 선후행 분절음 사이에 길이의 조정 관계를 관찰하였는데, 폐쇄음의 전반적인 길이가 가장 짧은 평음의 선행 모음이 경음이나 기음의 경우보다 길이면에서 훨씬 긴 것으로 나타났으며, 모든 음성 환경에서 가장 긴 VOT를 보인 기음의 경우 후행 모음의 길이가 가장 짧은 것으로 관찰하였다.

이러한 관찰을 근거로 경음이 선행 모음의 길이에 영향을 주었다고 설명할 수 있겠으나 이러한 설명은 경음이 선행 모음 길이를 변화시킨 언어학적 기제를 설명할 수 없다. 그리고 경음이 선행 모음의 길이를 짧게 조정했다는 기술만으로는 강세구 경계를 사이에 두고서는 그러한 현상이 일어나지 않는 이유를 설명하기가 어렵다. 따라서 강세구 내에서 일어난 경음과 선행 모음과의 길이 조정 관계를 구조적 관점에서 파악하여, 강세구의 심리적인 리듬 길이를 일정하게 유지하기 위한 '강세구 내 음절 간의 자율적인 시간 길이 조정 현상'으로 이해하는 것이 유리하다.

한국어의 음절은, 그것이 물리적 시간이든 심리적 시간이든 음절의 길이적인 측면이 중요한 것이 아니라 음절들이 모여 상위 단위를 형성하는 방법의 속성, 즉 리듬 단위의 시간 구조 형성 측면을 중시해야 한다는 것을 의미한다. 그러므로 음절이 음절간의 자율적인 시간 조정 과정을 통해 상위 운율 단위의 시간 길이를 조정한다는 점에서 한국어의 음절은 시간 단위이자 리듬 형성 단위라고 하는 것이 보다 합리적일 것이다.

5.2 강세구의 성조 연쇄

5.2.1 음절을 바탕으로 한 성조 연쇄

성조는 음절에 배당되어 강세구로 그룹화되는데 한국어 운율 표기 규약에서 밝힌 바와 같이 일정한 성조 연쇄 유형으로 나타난다. 강세구는 일반적으로 '저-고-저-고조형(LHLHa)'의 성조 연쇄를 가지지만, Jun(1993)에서는 마지막 고조가 앞선 고조보다 전반적으로 높게 실현된 모습을 관찰하여 이를 '강세'(accent)로 보고, 강세가 일정하게 나타나는 단위라는 의미에서 강세구(accentual phrase)로 명명하였다.[1] 2장에서 살펴보았던 음절 수에 따른 강세구의 성조 실현 양상을 여기서

1) 강세구는 일정한 성조 연쇄의 유형이 실현되는 운율구이므로 이러한 특성을 반영한다면 강세구를 성조구(tonal phrase), 성조군(tonal group)로 고쳐 부르는 것도 가능할 것이다. 이는 명명법은 'stress'에 대한 번역어로 일부에서 '강세'라는 용어를 사용하고 있어 용어 사용상의 혼란이 있을 수 있다는 점, Jun(1993)의 설명처럼 해당 운율구의 마지막 고조 실현을 '강세'(accent)로 보기가 어렵다는 점을 고려한 생각이다. 그러나 강세구라는 명칭이 이미 학계에 일반화돼 있고, '성조구'라는 명칭이 마치 한국어에서 성조가 적극적인 기능을 담당하는 것으로 비춰질 수도 있다는 점에서 기존의 강세구라는 명칭을 따르기로 한다. 다른 방편으로는, 억양구라는 명칭은 억양이 형성된 운율 단위라는 개념이므로, 강세구가 한국어에서 리듬 단위라는 점에서 강세구 대신에 리듬구(rhythm phrase)라는 용어의 사용도 고려해 볼만 하다.

다시 보자.

(1) 음절 수에 따른 강세구 성조 실현 양상

일음절로 강세구가 형성될 경우 두 개의 성조 연쇄로 실현되는데, 강세구, 즉 한국어의 리듬 단위는 최소 두 개의 성조를 갖는 것으로 이해된다. 이것으로 한국어의 리듬을 형성하는 최소 성조 연쇄가 'THa'임을 알 수 있으며, 최소 성조 연쇄인 'THa'는 일음절 강세구와 2음절 강세구의 성조 배당 과정을 설명할 수 있게 된다. 그리고 무엇보다 음절 중심으로 성조 배당이 이루어지는 한국어에서 일음절 강세구만이 하나의 음절에 두 개의 성조를 배당받는 과정을 자연스럽게 설명할 수 있게 되었다는 점에서 그 설명력이 확인된다.

3음절의 경우는 세 개의 성조 연쇄형이 관찰된다. 'THa', 'TLHa', 'THHa'가 그것인데, 두 번째 음절의 성조는 실현 여부나 실현되더라도 저조나 고조의 선택이 임의적이므로 기본적으로는 'THLHa' 연쇄 유형으로 설정한 다음 가운데 'H'와 'L'은 수의적인 선택 과정으로 보아 'T(H)(L)Ha'로 이해될 수 있다. 단 두 성조가 같이 나타날 수 없으며, 두 성조 가운데 하나만 선택되거나 둘 다 선택되지 않는 것으로 일반화할 수 있다.

4음절에서 관찰되는 'THLHa' 연쇄는 4음절 이상의 강세구에서도 나타난다. 강세구가 성조 연쇄 유형을 반복하는 리듬 단위라는 점은 특히 5음절 이상의 성조 연쇄에서 설명력을 발휘한다. 4음절 이상으로 형성된 강세구에서는 음절 수가 늘더라도 'THLHa' 연쇄 유형이 나타나며, 그 과정에서 가운데 있는 음절들의 음높이는 두 번째 음절에서 마지막 두 번째 음절 사이로 이동하는 음높이 연결 과정에서 내삽(內挿, interpolation)으로 나타난다. (1)의 설명을 통해, 강세구의 음절 수가 늘어나도 일정한 성조 연쇄가 나타난다는 것을 알 수 있다.

5.2.2 성조 연쇄 유형과 예외

특별한 몇 경우를 제외하면 성조는 거의 자동적으로 배정된다. 강세구 첫 음절의 초성 자음이 경음이나 격음인 경우는 고조를 배정 받고, 그 외의 분절음인 경우에는 저조를 배정받는다. 1음절 강세구와 3음절 강세구의 경우를 예외로 한다면, 강세구의 두 번째 음절은 고조로 실현된다. 강세구의 음절 수가 5음절 이상이면 앞 두 음절이 차례대로 'T'와 'H' 성조를 배당 받고 마지막 두 음절이 'L'과 'H'를 배당 받으며 세 번째 음절은 두 번째 'H'와 네 번째 음절의 'L' 사이에 연결되는 내삽(interpolation)으로 처리된다.

그런데 강세구 첫음절의 성조 배당 방법의 일반적인 원칙에서 벗어난 두 예외가 발견된다. 그 하나는 송민규 외(2002)에서 발견하여 제시하였는데, 억양구 말 강세구의 성조 배당에 있어서 강세구 첫 음절이 초성 자음과 상관없이 고조를 실현시킬 수 있다는 사실의 발견이다. 아래 자료를 보자.

(2) 가. 그 물을 다시 체에 받혀 하룻밤을 [재운다]$_{IP}$

H L%

나. 부끄럽고 민망스러워 몸 둘 곳을 [몰랐다]$_{IP}$

H L%

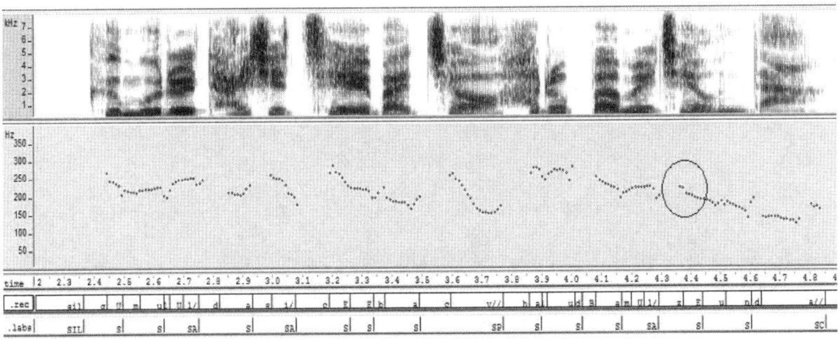

그림 5-1 억양구 말 강세구의 고조 실현(1)

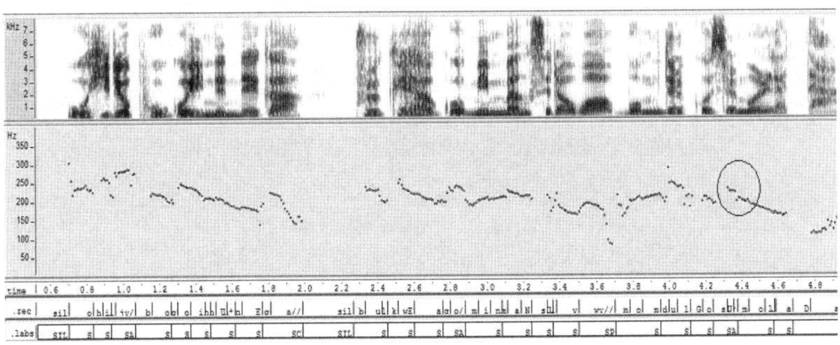

그림 5-2 억양구 말 강세구의 고조 실현(2)

이와 같이 강세구의 성조 배당과 성조 연쇄 유형의 예외가 억양구 말 강세구에서 나타나는 이유를 송민규 외(2002)에서는 억양구 경계 정보 기능의 한 가지로 이해하였다. 이 견해를 어느 정도 인정할 수 있지만 보다 정확한 이유는 이에 대한 지각 실험을 통해 규명될 수 있을 것이다.

초성 자음에 따른 성조 배당 방법의 두 번째 예외는 일음절로 이루어진 강세구의 경우에서 관찰된다. 일반적인 강세구의 성조 배당에서 초성이 평음이면 저조로 실현되는데, 일음절 강세구의 경우에서는 초성이 평음이라도 고조가 실현되는 양상이 관찰된다. 아래 자료가 그 경우이다.

(3) 가. 떠날 때 준비해 간 [긴]$_{AP}$ 치마와……

H H

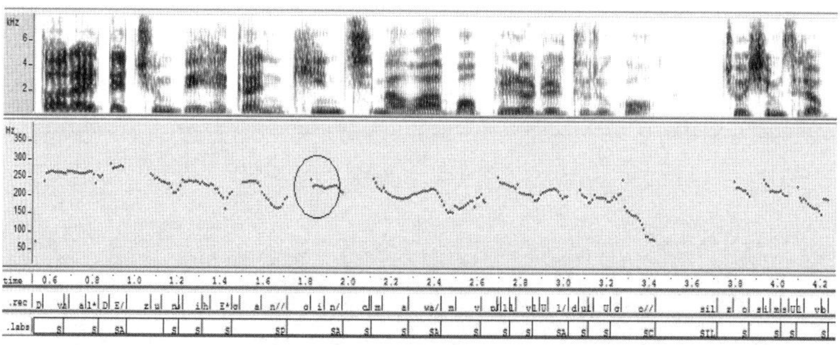

그림 5-3 평장애음으로 시작한 일음절 강세구의 고조 실현(1)

나. 너럭바위에 치여 [긴]$_{AP}$ 몸을 부러뜨려서……

H H

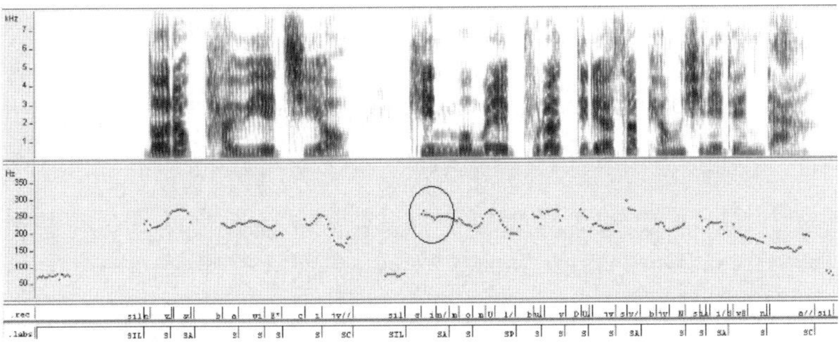

그림 5-4 평장애음으로 시작한 일음절 강세구의 고조 실현(2)

다. 그러나 [이]$_{AP}$ 모든 것은 한낮의 꿈에 불과했다.

H H

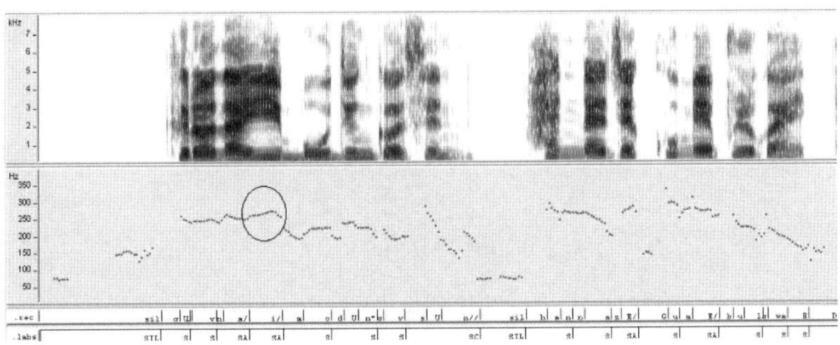

그림 5-5 모음으로 시작한 일음절 강세구의 고조 실현

이러한 성조 실현 양상은 일반적인 성조 실현 양상의 예외적인 것이며, 음운론적 기능을 담당하는 것으로 보이지는 않는다. 성조 연쇄 유형 자체가 음운론적 기능을 하지 않으며 자연스러운 음 산출 과정에서 이루어지는 음성적인 현상으로 파악된다.

5.3 강세구의 형태·통사적 특성

5.3.1 강세구의 형태·통사적 결합 양상

한국어의 형태소 가운데 접사(특히 접미사), 조사(특히 격조사), 어미는 형태의 독립적인 기능이 인정되지만 통사적으로 비자립적이어서 원칙적으로는 어근 또는 어간에 결합하며, 음운론적으로도 분리되지 않는 특성이 강하다. 이러한 '자립 형태+비자립 형태'의 문법적 구성은, 교착어라는 한국어의 특성에서 기인된 것으로 강세구를 형성하는 기본 구성 방법으로, 운율 단위인 강세구 형성에서도 이와 같은 문법적 구성이 일반적으로 적용될 수 있다. 그러므로 여기에서는 주로 형태적 자립성과 운율적 자립성이 일치하지 않는 경우를 중심으로 살펴보기로 한다.

강세구를 형성하는 문법적 특징 가운데 다음의 예가 관찰된다. 이는 문법적 자립 형태가 그대로 운율적인 자립 형태로 실현되는 예이다.

(4) 가. 그는 $(재단)_{AP}$ 비리에 연루되어

나. 그녀에게서 받은 $(첫인상)_{AP}$ 느낌은

(4)는 명사 결합 구에서 선행 명사가 단독으로 강세구를 형성하는 예인데, (가)는 선행 단일어가, (나)는 선행하는 합성어가 단독으로 강세구를 형성하는 경우이다. 그러나 (4)와 같이 개별 명사가 모두 강세구를 형성하는 것이 아니라 명사 구 중에서도 선행 요소에서나 가능하다. 언어 유형적으로 한국어는 교착어이므로 발화 내에서는 후행 명사 뒤에 비자립적 형태가 붙어서 후행 요소와 통사적 관계를 형성

하기 되기 때문이다. 이러한 양상은 고유명사 내부가 여러 개의 자립적 형태로 구성된 경우에서도 동일하게 관찰된다.

다음은 문법적 자립 여부가 운율적 자립 여부와 일치하는 않은 예이다.

(5) 가. (고등학교)$_{AP}$(부터)$_{AP}$
　 나. (할아버지)$_{AP}$(께서는)$_{AP}$

(5)의 경우는 음운론적 결합성이 강한 것으로 알려진 '어근+조사' 결합형에서 어근과 보조사가 따로 강세구를 형성한 경우이다. 이 경우도 흔하게 발견되지는 않지만 발화에서의 초점 부여나 선행 어근의 음절 수에 따라 간혹 관찰되는 분리형 강세구라고 할 수 있다.

실제 발화에서는 (4, 5)와 다른 경우도 관찰된다. 형태론적으로는 서로 독립적인 형태들이지만 발화에서는 운율적으로 하나의 강세구를 형성하는 경우이다.

(6) 가. (대학 진학)$_{AP}$ 상담은
　 나. (새 옷 사러)$_{AP}$ 가는 중이야
　 다. (그 따위)$_{AP}$ 케케묵은 방법으로, (우리 집은)$_{AP}$ 여기서 멀어
　 라. 그녀가 (보고 싶어)$_{AP}$
　 마. (그럴 리가)$_{AP}$ 없는데, (먹을 것이)$_{AP}$ 없네
　 바. (많이 먹어)$_{AP}$, 어제 밤엔 잠을 (못 잤어)$_{AP}$, 거기에 (안 가도)$_{AP}$ 되요
　 사. 그 책이 (어딨어)$_{AP}$?

(가)는 '명사+명사' 결합형으로 강세구를 형성한 경우이며, (나)는 '관형사+명사' 결합, '관형사+명사+동사' 결합을, (다)는 '대명사+

명사' 결합을, (라)는 '본용언+보조용언' 결합을, (마)는 '관형형+의존명사' 결합을, (바)는 '부사+용언' 결합을, (사)는 '대명사+용언' 결합을 구성하는 예들이다.

이들 구성은 모두 형태적 분리성이 운율적으로 어긋나 자립적인 형태 구성들이 하나의 운율 단위로 나타나는 예이다. 이 가운데 일부는 음운론적 단어에 대한 선행 연구들에서 음운론적 단어라는 개념으로 검토되기도 하였다. (6)의 경우 중에서도 관형 구성을 이루는 경우가 하나의 강세구를 형성하는 특징이 강한 것으로 판단된다.

(7) 가. 전통 음식에 관한 책자 (판매 등의)$_{AP}$ 행사도
나. 육백미터 지점에서 선두에 (나선 뒤)$_{AP}$ 줄곧
다. 미술품을 (판 돈은)$_{AP}$ 대부분
라. 연구를 (하기 위한)$_{AP}$ 시간을 (낼 수는)$_{AP}$ 없었다.
마. 나팔을 (살 돈이)$_{AP}$ 없었다.

이러한 경우는 운율적 결합 과정이 통사적 결합 과정과 차이를 갖는 것이 일반적인 것 같다. (7)의 강세구 형성 양상과 다음의 통사 결합 과정을 비교해 보면 그 차이는 분명히 드러난다.

(8) 가. [[[전통 음식에 관한] [책자]] 판매]] 등의 행사도
나. [[[[육백미터 지점에서] 선두에] 나선] 뒤] 줄곧
다. [[미술품을 판] 돈은] 대부분
라. [[[[[연구를] 하기 위한] 시간을] 낼] 수는] 없었다.
마. [[[나팔을] 살] 돈이]] 없었다.

강세구를 형성하는 문법적 결합 양상에는 다음의 예도 관찰된다.

(9) 가. $(반)_{AP}$민주주의, $(신)_{AP}$낭만주의

나. 할아버지$(께서는)_{AP}$, 선생님$(조차)_{AP}$

(9)는 비자립적 형태가 음운론적으로 분리되어 운율적 자립성을 확보하고 강세구로 형성된 예이다. (가)는 '접두사+어근' 결합 유형으로 접두사가 어휘 범주를 이루지 못하지만 음운론적으로 분리되어 독립적인 강세구를 형성한 경우이다. (나)는 '어근+보조사' 결합형이다. 보조사는 일정 의미 기능을 담당하기 때문에, 문법적 기능을 하는 격조사가 결합하는 어근의 음절 수가 많아지더라도 단독 강세구로 실현되는 현상이 흔하지 않은 것과 달리 보조사는 단독으로 강세구를 형성하기도 한다.

이와 관련하여 좀 더 살펴보아야 할 것은, 음운론적 단어의 설정에 대한 많은 연구에서 접두사는 독립적인 운율 단위를 형성할 수 있는 것으로 인정한 반면에 접미사, 조사는 독립적인 운율 단위를 형성하지 못하는 것으로 설명한다는 점이다. 이러한 특성으로 인하여 접두사의 음운론적 단어 설정 가능성을 제시한 연구자들은 한국어의 경우 어근 왼쪽 정렬이라는 운율 제약이 필요하다고 주장한다.

(10) 어근 왼쪽 정렬

가. lex[→ ω((lex : lexical category)

나. {좌측단, X} (X : 어휘 범주)

※ ω : 음운론적 단어

운율 음운론에서 이미 정렬 제약으로 제시된 바 있는데 언어에 따라서 왼쪽 정렬 제약과 오른쪽 정렬 제약이 다르게 적용될 수 있다고

하였다. (가)는 강옥미(1992)에서, (나)는 곽동기(1992, 1999)에서 제시된 제약이다. 이 제약들은 최정순(1994), 엄태수(1996) 등에서도 수용되었는데, 그 요체는 어근의 왼쪽 가장자리는 음운론적 단위의 경계와 일치하며, 그 경계에 휴지를 둘 수 있다는 것이다. 이 설명 방법은 운율 경계가 접두사 뒤에서는 이루어질 수 있는 반면에 접미사 앞에서는 이루어지지 않는 일반적인 현상을 잘 설명할 수 있다. 그로 인해 음운론적 단어 설정에 대한 연구들에 자주 인용되었다.

어근 왼쪽 정렬 제약은 형태 결합에서 어근의 왼쪽에 운율 단위를 정렬시킨다는 제약이라는 점에서 두 가지 설명력을 지닌다. 접두사는 독립적으로 자립적인 운율 단위를 형성하지만 접미사는 자립적인 운율 단위를 형성하지 못한다는 점을 설명할 수 있으며, 어근과 조사, 어간과 어미의 결합은 두 개의 운율 단위를 형성하지 못하고 하나의 자립적인 운율 단위로만 나타나는 점을 설명할 수 있다.

왼쪽 정렬에 의하면 어근의 왼쪽에 운율 단위 경계를 정렬시키야 하기 때문에 어근 오른쪽 요소인 조사 또는 어미와 접촉하는 부분에서는 자립적인 운율 단위 경계를 둘 수 없게 된다. 따라서 항상 어휘적 형태와 조사 또는 어미가 항상 하나의 운율 단위로 행동하게 된다는 설명이다.

그러나 이 왼쪽 정렬 제약은 이미 (5)와 (9나)에서처럼 '체언+조사' 분리형 강세구의 발견, (6가, 나, 다, 라, 바)와 (7)의 관형 구성에서 후행 어근 왼쪽에 운율 경계가 형성되지 못하는 결합형 강세구의 발견으로 그 설명력을 일정 부분 유지하기 힘든 것으로 보인다. 그런데 다음의 예에서도 왼쪽 정렬 제약을 어기는 현상이 목격된다.

(11) 가. (선진화)$_{AP}$ (시키기 위한)$_{AP}$ 목적에서

나. 대학이 (서열화)$_{AP}$ (되기까지는)$_{AP}$

(가)는 '선진화'에 접사 '-시키다'가, (나)는 '서열화'에 접사 '-되다'가 결합한 경우이다. 그러나 예에서 보는 바와 같이 접미사가 선행 어근과는 운율적으로 분리되고 후행하는 요소들과 하나의 강세구를 형성하는 모습을 관찰할 수 있다. 접미사가 단독으로 운율 단위를 형성하는 예가 더 많이 발견되면 접미사가 독립적으로 운율 단위를 형성하지 못한다는 기존의 논의들과 운율 단위 형성에서 운율 제약으로 제시되었던 왼쪽 정렬 제약은 수정되거나, 다른 변인에 대한 고려가 더 보충되어야 할 것이다.

지금까지 강세구를 형성하는 문법적 특성을 살펴보았다. 강세구 형성에 대한 문법적 결합 유형을 분류하면 다음과 같다.

(12) 문법적 결합 유형에 따른 강세구 형성 방법

가. 강세구 형성의 고정적 결합 유형
- 정의 : 통사적 자립성이 없고 운율적 분리성이 없어 일반적으로 고정된 형태 구성으로 형성되는 강세구
- 유형 : 어근+격조사, 어간+어미, 관형형+1음절 한자어 의존명사 등

나. 강세구 형성의 가변적 결합 유형
- 정의 : 운율적 결합성이 약하고 발화의 여러 요인으로 인해 가변적인 형태 구성으로 형성되는 강세구. 가변적 결합 유형으로는 형태 구성을 기준으로 하여 단독형 강세구, 분리형 강세구, 결합형 강세구가 있다.
- 유형 : 접두사+어근, 관형사+체언, 부사+용언, 명사+명사, 대명사+명사 등

5.3.2 형태와 운율의 자립성 불일치와 원인

시정곤(1993)에서는 화자들이 두 개 이상의 형태 결합을 하나의 단위로 인식하는 경우를 제시하면서 음운론적 단어 설정의 필요성을 제시하였고, 김상태(2006)에서는 운율구의 하나로서 음운론적 단어를 형성하는 원인을 화자의 형태 인식으로 밝히려는 시도였다는 점을 앞에서 기술한 바 있다. 이 연구들은 운율 단위가 화자의 형태 인식성에 의해 형성된다는 사실을 포착한 의미 있는 연구로 볼 수 있다. 본 연구에서도 강세구 이상의 운율 단위는 기본적으로 화자의 형태 인식성과 통사적 결합에 기반하고 있음에 동의한다. 강세구 형성이 가변적인 양상을 보이지만 그 경계는 언제나 형태 경계에서 생성되며, 빈번하게 사용되는 형태 결합은 대부분 하나의 강세구로 형성되기 때문이다.

화자의 형태 인식성에 의해 강세구가 달리 형성되는 모습을 다음의 예를 통해서도 어느 정도 확인할 수 있다.

(13) 가. 소련의 (비협조)$_{AP}$ 때문이었다.

나. 소련의 (비)$_{AP}$(협조)$_{AP}$ 때문이었다. (안병섭, 2007가)

(13)의 자료는 두 명의 아나운서가 동일한 문장을 발화하였을 때 강세구를 달리 형성한 경우이다. 강세구의 형성 원인을 화자의 형태 인식에 근거한다면 (가)의 화자는 '비협조'를 단일 형태로, (나)의 화자는 '비협조'를 두 개의 형태로 인식하고 있다고 설명할 수 있다.

이와 같이 강세구 경계가 언제나 형태소 경계인 점을 고려하여 강세구 형성이 화자의 형태 인식성에 의한 것으로 보는 견해에 대해 일정 부분 동의할 수 있지만 화자의 형태 인식성만으로는 강세구 형성, 특히 가변적인 형성 방법을 설명하기에는 무리가 있다. 강세구 형성 유형 가운데 가변적 강세구 형성에 관여하는 여러 변인들을 검토해 볼 필요가 있다.

먼저 다음의 예를 살펴보자.

(14) 가. 초호화, 초현실, 초자연
　　나. 초호화판, 초현실적, 초자연적
　　다. 초호화주의, 초현실주의, 초자연주의

위의 예들은 동일 형태소인 접두사 '초-'에 대해 후행 구성의 음절 수를 달리하여 검증해 본 것이다. 화자의 형태 인식에 근거하여 강세구가 형성된다면 동일 화자의 경우 동일한 형태 구성은 동일한 방법으로 강세구를 형성한다고 볼 수 있다. 그러나 언어 현실은 그렇지 못한 것으로 보인다.

(가)와 (나)는 하나의 강세구로 실현되어도, 두 개의 강세구로 실현되어도 모두 자연스럽지만 (가)보다 (나)의 경우에 두 개의 강세구로 실현되는 것이 보다 일반적인 것 같다. 그러나 (다)는 '(초)$_{AP}$(호화주의)$_{AP}$, (초)$_{AP}$(현실주의)$_{AP}$, (초)$_{AP}$(자연주의)$_{AP}$'와 같이 두 개의 강세구로 실현되는 것이 더욱 일반적인 양상인 것으로 판단된다. 동일 형태소를 두고 음절 수를 달리한 위의 검증 과정을 통해 결국 강세구 형성은 단어 구성소의 음절 수로부터 영향을 받는다고 볼 수 있다. 이러한 경우는 다음 예에서도 확인된다.

(15) 가. (할아버지)$_{AP}$(께서도)$_{AP}$
　　나. 저는 (고등학생)$_{AP}$(입니다)$_{AP}$

이 자료는 통사적 결합력과 음운론적(운율적) 결합력이 강한 예이나 실제 발화에서 두 개의 강세구로 발화된다. 그런데 (14)와 (15)의 강세구 형성 양상을 좀 더 생각해 보면, 정도에서 차이가 있지만 각각은 한 개의 강세구로도 두 개의 강세구로도 형성이 가능하다. 이 점은 음절 수 외에 다른 변인이 고려되어야 함을 뜻한다.

그 변인으로 고려되어야 할 것이 발화 속도이다. 일반적으로 같은 문장을 다른 빠르기(빠른 발화, 보통 발화, 느린 발화)로 발화하였을 경우, 강세구당 음절 수는 '빠른 발화>보통 발화>느린 발화' 순서라는 것이다. 발화가 빠를 수록 하나의 강세구에 보다 많은 음절이 배속되는 경향이 있다. 따라서 (15가)와 (15나)의 경우는 빠른 발화에서는 하나의 강세구로 실현될 경향이 강하며, 느린 발화에서는 두 개의 강세구로 실현될 경향이 강하다고 할 수 있다.

이밖에도 다음의 예를 통해서 강세구 형성 과정에 또 다른 변인이 간섭되었음을 알 수 있다.

(16) 가. 겨우 (그 따위)$_{AP}$ 케케 묵은 방법으로
나. (그)$_{AP}$ (뒤로)$_{AP}$ 그림자를 흘리는 전시장은
나'. (그 뒤로)$_{AP}$ 그림자를 흘리는 전시장은

(16)은 지시대명사 '그'와 결합하는 후행 구성소가 다른 경우인데, 동일 화자의 발화에서 (가)에서는 하나의 강세구를, (나)는 두 개의 강세구를 형성하였다. 동일 화자가 발화한 자료임에도 불구하고 (16)과 같은 강세구 형성의 차이는 어디에서 기인한 것일까? 후행하는 구성소의 음절 수도 동일하며, 발화 속도도 차이가 없는데 강세구 형성을 달리한 이유는 무엇일까? 우리는 그 답을 빈도 효과에서 찾아야 할지도 모른다. 사용기반적 이론에 의하면 빈도 효과가 높은 형태일수록

관습화된 구성으로 어휘부에 저장되기 때문이다.

빈도 효과는 기능주의 언어 이론에서 제시된 개념인데, 곧 반복적 사용의 효과를 의미한다. 이 이론에 의하면 반복적 사용이 언어 구조를 형성하며, 단어뿐만 아니라 반복적 사용에 의해 '관습화된' 구성도 어휘부에 수록될 수 있다는 것이다(이봉원, 2002:21~43). 어휘부를 형성하는 것은 어휘뿐만 아니라 '반복 사용에 의해서 관습화되는 언어 단위'라는 것이다. 결국 고빈도 구성일수록 형태·통사론적 결속성과 음운론적 결속성이 강하다고 볼 수 있으므로, 같은 유형의 구성이라도 고빈도 구성일수록 하나의 운율 단위로 형성될 가능성이 그만큼 크다고 볼 수 있다.

앞에서 (7)과 (8)의 비교를 통해서 운율 단위와 문법 결합 과정이 일치하지 않은 예들을 보았는데, 그러한 예들을 통해서 '용언+-ㄹ 명사(의존 명사)', '용언+-ㄴ 명사', '하기 위한' 등과 같은 고빈도 통사 구성일수록 하나의 운율 단위를 형성하는 양상이 강한 것을 알 수 있었다. 이때 용언이나 명사 자리의 어휘 종류에 상관 없이 통사 구성 양상이 운율 단위를 형성하는 중요한 요인인 것으로 판단된다.

그 외에 초점의 실현 여부에 따라서도 강세구가 달리 형성되기도 한다. 운율 단위로서의 음운론적 단어와 초점 실현의 관계에 대한 설명은 Jun(1993)과 유필재(1994)에서 언급되었는데, 동일 구성 관계라 하더라도 초점 실현 방법에 따라 다음과 같이 운율 단위가 다르게 형성된다. 다음은 Jun(1993:226)에서 제시했던 예이다.

(17) 가. Q : 날 뭐라고? A : (날)ω(계란)ω, (날계란)ω, (계란)ω

나. Q : 망아지 뭐라고? A : (망아지)ω(까지도)ω. (망아지까지도)ω

지금까지 강세구 형성의 여러 요인들을 검토해 보았다. 그런데 여러 요인에도 불구하고 강세구의 경계는 항상 형태 경계에서 일어난다는 점이다. 이점은 곧 강세구의 형성이 화자의 형태 인식성과 불가분의 관계임을 의미하는 것이다. 결국 강세구 형성의 원인을 화자의 형태 인식성에 두고, 화자의 형태 인식 범위가 구체적인 발화로 실현되는 과정에서 음절 수, 발화 속도, 사용 빈도, 초점 실현 여부 등의 변인에 의해 가변적으로 그 크기가 결정될 수 있음을 알 수 있다.

5.3.3 음운론적 단어는 운율 단위인가?

운율 음운론에서는 기본적으로 음운부가 어떠한 운율적 위계 구조로 되어 있을 것이라는 가정에서 출발하여 음운부 내부에 운율 위계(prosodic hierarchy)를 세우고, 각 위계의 운율 단위 생성에 대한 설명을 위해 통사 구조가 기저 구조를 이루며 기저의 통사 구조가 표면 구조인 운율 구조로 투사되는 것으로 설정하였다. 그 과정에서 형태·통사적 단위가 운율 층위에서 무너져서 운율적으로 통합되거나 분리되는 현상이 목격되었는데, 이러한 현상이 관찰되는 단위 가운데 하나가 음운론적 단어(phonological word 또는 prosodic word)이다. 이와 같은 발견은 일찍이 촘스키와 할레(Chomsky and Halle, 1968:367~370)에서 거론되었으며, 이를 설명할 단위의 필요성이 제기되었다. 이러한 제기는 음운론적인 목적에서 새로운 단위가 필요함을 인식한 것이라 할 수 있으며, 운율 음운론에 와서는 통사 구조와 운율 구조의 상관성을 검토하면서 음운론적 단어가 새롭게 조명되기에 이른다.

네스포와 보겔(Nespor and Vogel, 1986)은 음절화가 형태론적 구조를 바탕으로 만들어지는 음운론적 단어의 영역 안에서 이루어지는 것으로 설명한다. 이후 일부 예외가 발견되었지만 대부분의 음절화는 음운론적 단어 영역 안에서 이루어진다고 보았다. 그리고 셀커크

(Selkirk, 1995)의 경계이론을 제약 기반 이론에서는 운율의 정렬 이론으로 재해석하면서 음운론적 단어는 어휘적 실체가 있어야 한다고 제안하고, 복합어는 두 개의 음운론적 단어라는 견해를 제시하였다. 음운론적 단어가 형태론적 구조의 어휘적 요소와 왼쪽 정렬이나 오른쪽 정렬을 한다는 것이며, 그러한 선택의 차이는 언어마다 다르다고 하였다.

이러한 운율 음운론의 관점을 반영하여 한국어에서 음운론적 단어를 설정한 연구는 강옥미(1992, 2003), 엄태수(1996, 2003), 곽동기(1992, 1997) 등에서 비롯된다.

(18) 가. 덧옷이[더도시] : 형태 구조의 밀접성 → (덧옷)(이), [더소디]
운율 구조의 밀접성 → (덧)(옷이), [더도시]
나. 앞앞이[아바피] : 형태 구조의 밀접성 → (앞앞)(이), [아파비]
운율 구조의 밀접성 → (압)(아피), [아바피]

위 경우는 음절화의 경계가 형태 구조의 밀접성이 운율 구조의 밀접성으로 대치되는 예로 설명된 것이다. '덧-'과 '옷'은 음절화를 겪은 다음에 결합해야만 '[더도]'에 대한 설명이 가능하고, '옷'과 '-이'는 음절화를 겪기 이전에 결합해야만 '[오시]'로 발음되는 것을 설명할 수 있다는 것이다. 따라서 (가)에서는 '덧[덛]'과 '옷이[오시]'라는 두 개의 음운론적 단어가 생성되고, (나)에서는 '앞[압]'과 '앞이[아피]'라는 두 개의 음운론적 단어가 생성된다. 이에 따르면 음운론적 단어는 음절화의 영역이 된다.

이와 맥을 같이 하여, 학자에 따라서는 구개음화나 한자어 설측음화 현상의 적용 영역을 음운론적 단어 내부로 설명한 견해도 있었다.

(19) 가. 밭이[바치], 같이[가치], 굳이[구지]

나. 찰나[찰라], 신라[실라]

(20) 가. 밭일[반닐], 밭이랑[반니랑]

나. 횡단로[횡단노], 신문로[신문노]

(19)는 각각 구개음화와 한자어 설측음화가 적용된 경우로, (20)과의 비교를 통하여 그 적용 영역이 음운론적 단어 내부임을 주장한다.

이러한 논의들은 운율 경계 구분이 음절화나 구개음화, 한자어 설측음화 등의 발생 여부를 결정한다는 점을 포착한 논의였지만 위의 설명이 논리성을 확보하기 위해서는 두 가지 문제를 해결해야 할 것이다.

우선 (19가)의 경우, 동일한 분절음 연쇄라 하더라도 어근과 어근 결합과 어근과 조사 결합을 동일 선상에 놓고 설명하는 것은 불합리하다는 점이다. (18)의 평폐쇄음화의 경우 한국어 조사는 언제나 선행 음절 말자음을 연음시키기 때문에, (18)의 '덧옷'이나 '앞앞'에서와 같은 평폐쇄음화라는 음절화를 근본적으로 겪을 수가 없다. (19가)의 경우는 조사와의 경계에서 구개음화가 적용되지만 '어근+어근' 결합인 (20 가)에서는 오히려 구개음화가 적용되지 않는 모습을 보이고 있다.

결국 (18)과 (19가)의 본질적인 원인은 운율 단위의 측면보다 후행 구성 요소의 형태 유형을 근거로 할 때, 음운 현상의 발생 여부를 일관적이고 합리적으로 설명할 수 있을 것으로 보인다. 더 큰 문제로는 음운 현상의 적용 여부가 과연 운율 단위 판단의 근거가 될 수 있느냐 하는 점이다. 다음의 예를 보자.

(21) 가. 맛있다 → [마디따]~[마시따]

멋있다 → [머디따]~[머시따]

나. 맛없다 → [마덥따]
멋없다 → [머덥따]

(가)는 현대 한국어에서 두 가지 발음형이 화자에 따라서 수의적으로 나타나는 현상이 관찰되는 예이다. 그런데 과연 음절 연쇄에서 평폐쇄음화를 겪은 [마디따], [머디따]와 평폐쇄음화를 겪지 않고 연음된 [마시따], [머시따]의 경우를 (18)과 같이 설명할 수 있는가는 의문이다. (18)의 설명대로라면 [마디따], [머디따]는 하나의 음운론적 단어가 되고, [마시따], [머시따]는 두 개의 음운론적 단어가 된다.

(가)와 (나)의 비교를 통해서도 음절화의 적용 여부를 음운론적 단어 설정의 기준으로 삼는 방법은 타당성이 부족한 것으로 확인된다. [마시따], [머시따] 형은 두 개의 음운론적 단어로, [마덥따], [머덥따] 형은 하나의 음운론적 단어로 설명하는 것이 언어 사실이나 언중들의 언어 의식을 반영한 자연스러운 설명이라고 보기는 어렵기 때문이다. 이와 맥을 같이 하여 (20)의 설명 방법도 동일한 문제점을 지적할 수 있다.

(22) 선릉 → [선능]~[설릉]
(23) 가. 태릉 → [태능]~[태릉]
나. 홍릉 → [홍능]

(20)의 논리를 따른다면 (22)의 [설릉]은 하나의 음운론적 단어로, [선능]은 두 개의 음운론적 단어로 설명되어야 하지만 (23)의 예를 참고하면 (20)의 설명 방법이 타당한 설명인지는 의문이다.

두 번째 문제는 어근과 어근 결합에서 나타난 (18)의 음운 현상이 공시적인 결합인지 통시적 과정인지를 해명해야 한다는 점이다. '덧옷[더돋]'이 공시적인 음운 규칙이 적용된 현상이라면 앞의 설명이 무리가 없지만, 통시적 과정을 공시적 규칙으로 설명하는 것은 불합리하기 때문이다. 그런 점에서 단어 '더도ㅅ'은 어휘화된 것으로 판단되기 때문에 공시적 결합 과정이 아니라 통시적 과정으로 이해된다. 이동석(2002)에서는 현대 한국어의 공시적 연구에서 다루는 많은 음운 현상들이 과연 공시적인가를 검토하였는데, 파생어와 합성어의 경우 어휘화된 예들이 많이 발견되므로 일반적으로 합성어 및 파생어가 어휘부에 등재되어 있을 가능성이 높다고 지적하였다. 그렇다면 파생어나 합성어의 경계에서 적용되는 것처럼 보이는 음운 현상들은 실제로는 공시적으로 적용되는 것이 아니라 이들이 어휘화되기 이전에 적용된 것이라고 보아야 한다. 그리고 나아가 용언 활용형의 경우도 일정한 패턴을 형성하여 어간과 어미가 재구조화된 상태로 어휘부에 등재된 것으로 보아야 한다. 그리하여 어간과 어미가 결합할 때 발생하는 음운 현상 자체가 완전히 봉쇄되는 것이므로 공시적으로 설명했던 어간과 어미 사이의 음운 현상은 더 이상 공시적인 현상으로 볼 수 없다.

그럴 경우 음운 규칙이나 발음형 또한 통시적인 것으로 간주해야 할 것이다. 통시적 과정을 겪어 일단 어휘부에 저장되었다면, 해당 단어의 음운 규칙이나 발음형들은 과거의 어느 시기에 적용된 것이지 현대 한국어에서 적용된 것으로 해석해서는 안 될 것이다. 따라서 (18), (19), (20)과 같은 경우를 빌어서 음운론적 단어를 설정하는 방법은 지양해야 한다.

앞의 견해들과 다른 방법으로 음운론적 단어를 설정하려는 논의가 시정곤(1993 · 1994), 유필재(1994), 신지영 · 차재은(2003), 이진호(2005), 김상태(2006) 등에서 이루어졌다. 이들 논의는 특정 음운 현상들의 적용 여부 이전에, 주로 휴지라는 운율 경계 표지를 기준으로 한 음운론적(운율적) 자립성 개념을 근거로 음운론적 단어를 선정한다.

(24) 시정곤(1993)에서 제시한 음운론적 단어의 예
가. 영자가 그 일을 할 줄 어떻게 아느냐?
나. 영자는 그럴 리가 없어.
다. 영자는 어찌할 바를 몰랐다.
라. 그것은 생각하기 나름이다.
마. 영자가 우는 것은 영자를 사랑하기 때문이다.
바. 만남이 있으면 헤어짐이 있기 마련이다.

(25) 유필재(1994)에서 제시한 음운론적 단어의 예
가. 의존명사 : 먹을 것, 알 바, 할 줄, 몇 리, 그럴 리 등
나. 보조용언 : 나가 버렸다. 써 간다. 많아 보인다. 등
다. 부정부사 : 안 먹는, 못 먹었다. 등

(26) 신지영·차재은(2003)에서 제시한 음운론적 단어의 예
가. 그 일을 (할 수밖에) 없었다.
나. 그 사람 (어딨니)?
다. (범)(민족적), (범)(국민적) 궐기대회

시정곤(1993)의 논의는 형태론적 시각에서 음운론적 단어를 설정한 경우인데, (24)의 예는 관형 구성으로 모두 통사적인 구성을 이루고 있으나 언중들에게는 흔히 하나의 형태론적 구성으로 인식되므로 음운론적 단어로 설정해야 함을 주장하였다. 특히 시정곤(1993)에서는 음운론적 단어를 어휘부의 음운론적 단어와 통사부의 음운론적 단어로 구분하여 제시하였으며, 어휘부의 음운론적 단어의 예로 중첩

어를 제시하였다.

유필재(1994)에서는 자립적 발화 가능성과 잠재적 휴지의 가능성을 근거로 (25)의 예들을 음운론적 단어로 설정하였다. 신지영・차재은(2003)에서는 형태론적 분리성과 음운론적 분리성이 다른 예가 있음을 보이고 이를 음운론적 단어로 인정하였다. (26가)는 두 개의 단어가 음운론적으로 분리되지 않고 하나의 음운론적 단위를 형성한 경우이고, (26나)는 두 개의 단어가 축약으로 인해 하나의 음운론적 단위를 형성한 경우이며, (26다)는 하나의 단어가 음운론적으로는 두 개의 단위로 분리된 경우이다.

그런데 이 논의들은 음운론적 단어 설정에 독자적인 운율 특성을 내세우기보다 형태론적 구성을 근거로 제시하고 있음을 지적하지 않을 수 없다. 따라서 (26)에서 음운론적 단어로 제시한 예들이 강세구와 변별되는 운율 특징을 갖고 있다고 보기 어렵다.

한편, 음운론적 단어에 대한 연구 가운데 음운론적 단어 설정 기준 및 음운론적 단어 경계의 운율적 표지에 대한 논의도 유필재(1994), 이진호(2005), 김상태(2006)에서 시도되었다. 유필재(1994)에서는 음운론적 단어 설정의 기준으로 '자립적 발화 가능성'과 '잠재적 휴지의 존재 가능성'을 제시하고, 음운론적 단어의 특성으로 음운론적 자립성과 음운론적 비분리성을 설정하였다. 여기서 자립성의 의미는 단어 양 끝에 잠재적 휴지가 존재하는 것으로, 비분리성의 개념은 단어 내부에 다른 음운론적 단어의 개입이 불가능한 것으로 설명하였다. 그리하여 준자립형식으로 인정했던 의존명사, 부정부사, 보조용언 등은 음운론적으로는 그 자체로 독립된 단위를 이루지 못하고 선행하거나 후행하는 요소와 음운론적 단어를 형성하는 것으로 보았다.

이진호(2005)에서도 음운론적 단어의 경계를 휴지로 파악하였다. 이 연구에서는 음운론적 단어를 위한 단어 배열 제약을 논하면서 음운론적 단어 양 끝에 휴지가 올 수 있기 때문에 휴지에 의해 중단되는 음운론적 단어들 사이의 배열을 논하는 것은 큰 의미가 없다고 보았다.

음운론적 단어의 정의와 설정 방법에 대해 앞에서 제시한 두 연구보다 더 구체적으로 검토된 것은 김상태(2006)이다. 유필재(1994)가 음운론적 단어의 기준으로 자립적 발화 가능성과 잠재적 휴지의 존재 가능성을 내세웠다면, 김상태(2006)는 띄어쓰기 오류 분석을 통하여 화자들의 형태 인식의 단면을 보여주면서 음운론적 단어 설정의 필요성을 주장하였다. 이 연구에서는 '통사적인 구성을 이루는 형태론적 단어와는 별개로서, 휴지에 바탕을 둔 음운 현상이 적용되고, 또한 하나의 의미를 가진 문법 단위들로 독립되어 발음될 수 있는 최소의 형태'로 음운론적 단어를 정의하였다. 이러한 정의 방법 가운데 '휴지에 바탕을 둔' 개념은 유필재(1994), 이진호(2005)의 견해와 궤를 같이 하며, '하나의 의미를 가진 문법 단위'라는 개념은 시정곤(1992, 1993)의 '하나의 형태론적 구성 인식'이라는 개념과 맥을 같이 한다. 그리고 음운론적 단어를 이룰 수 있는 단위를 다음과 같이 구체적으로 제시하였다.

(27) 음운론적 단어의 단위(김상태, 2006)

가. 잠재적 휴지가 실현될 수 있는 형태적 단어와 일치하는 경우
나. 하나의 형태론적 단어가 음운론적 분리성이 강하여 두 단어로 보아야 되는 경우
다. 두 개의 형태적 단어가 발화에서 언제나 하나의 단어처럼 내적 휴지 없이 실현되는 경우

(27)에서 언급한, 음운론적 단어가 가능한 세 가지 경우에 대한 설명은 모두 휴지가 음운론적 단어의 경계임을 전제로 이루어진 것임을 알 수 있다. (가)는 휴지 실현 가능성을 근거로 한 설명이며, (나)에서 언급한 음운론적 분리성도 음성적 휴지의 실현을 염두에 둔 설명이다. (다) 또한 단어 앞뒤에는 휴지가 올 수 있지만 단어 내부에는 휴지가 올 수 없다는 단어 특성에 대한 전통적인 견해에 근거한 것이다.

그러나 안병섭(2007가)에 의한다면 한국어에서 휴지는 강세구 이하 하위 운율 단위에서는 일반적으로 실현되지 않고, 억양구 경계에서 나타나는 것이 일반적인 현상이다. 음운론적 단어를 운율 단위로 인정한 한국어 운율 위계 이론에서도 음운론적 단어는 억양구나 강세구 하위 단위이므로 상위 단위인 강세구 경계에서 나타나지 않는 휴지가 하위 운율 단위인 음운론적 단어 경계에서 나타난다는 것은 논리적 모순이다. 결국 선행 연구들에서 음운론적 단어의 개념으로 이용한 음운론적 분리성의 판단 기준이 된 '휴지'는 음운론적 단어의 경계를 설명하는 데 부적절한 근거임을 알 수 있다.

지금까지 한국어에서 시도된 음운론적 단어 설정 방법들과 그 근거들을 살펴본 결과, 다음과 같은 몇 가지 문제점을 들어 음운론적 단어를 한국어 운율 위계에서 제외할 것을 제안한다.

첫째, 하나의 언어 단위(또는 언어 분석 단위)가 운율 단위가 되기 위해서는 고유한 운율 특성으로 그 크기가 설명되어야 하는데 지금까지의 선행 연구에서 언급되었던 음운론적 단위의 경계 표지가 휴지라는 논의는 이를 충족시키지 못한다. 음성 자료를 분석한 결과 음운론적 단어의 경계에서 나타난다는 휴지는 해당 위치에서 실현되지 않았으며 보다 상위의 단위인 억양구 이상에서 실현되는 것이 일반적이다. 그러므로 휴지에 근거한 음운론적 분리성과 비분리성에 대한 설명이 모호해지게 된다. 또한 연구자에 따라서 음운론적 단어 설정에 사용한 '잠재적 휴지'라는 용어는 '가휴지, 임시 휴지, 내적 휴지' 등으로 사용되는데, 휴지가 실현될 수 있는 위치를 잠재적 휴지의 위치로 본 것이기 때문에 과연 이것을 운율의 개념으로 볼 수 있는지 의심스럽다. 잠재적 휴지의 위치는 형태에 기반하여 파악된 것이기 때문에 순수한 음운론적 용어라고 보기는 어려우며, 잠재적 휴지가 실현되었더라도 그것은 음성적 휴지가 아니며 단순한 운율 단위의 경계로 나타나기 때문에 '잠재적 휴지'의 '휴지'라는 용어 사용은 수정되어야 할 것이다.

둘째, 운율 단위라면 운율적 설명만으로 정의가 가능해야 하는데 음운론적 단어의 경우는 운율적 설명만으로 가능하다고 보이지 않는다. 음운론적 단어에 대한 정의나 형성 과정이 형태적, 통사적 기준이 바탕이 되어 논의된다는 점은 음운론적 단어가 운율적 특성만으로 정의될 수 없다는 것을 의미한다. 결국 음운론적 단어 설정은 음운론적 특성에 의지해야 하지만 음운론적 단어 구성에 있어서는 형태론적 정보를 배제할 수 없음을 의미하기도 한다. 심지어 음운론적 단어의 운율 특성을 논하였던 Jun(1993)에서조차도 운율 단어(prosodic word)는 운율 특성에 있어서 '강세구와 명확히 구별되지 않는다는 다소 확실치 않은 문제'가 있다고 하였다. 또한 엄격층위가설에 따라서 가장 작은 강세구는 운율 단어와 같기 마련이거나, 운율 단어는 하나의 강세구로 산출될 수 있는 분절음의 최소 연쇄로 정의하였다. 음운론적 단어의 이러한 운율적 특성으로 인해 운율 단어는 '강세구적 운율 단어'라는 용어가 더 적절할 수 있다고 언급하였다(Jun, 1993:225~242).

셋째, 한국어의 전체 운율 위계에서 음운론적 단어가 차지하는 위계성을 구체적으로 설명할 수 없다. Jun(2000)에서 제시한 운율 위계 구조에서조차 성조 할당은 음절 층위에서 이루어져 음운론적 단어를 거치지 않고도 강세구 층위로 직접 그룹화(phrasing)된다. 이때의 그룹화는 성조 연쇄의 유형인데, 이러한 층위 간의 관계는 운율 이론의 가장 큰 제약이라고 할 수 있는 엄격 층위 가설(strict hierarchy hypothesis)을 위반한 셈이다.

따라서 음운론적 단어를 운율 단위로 인정하기가 어려우므로 한국어 운율 구조에서 음운론적 단어 층위를 제외하는 것이 이론적으로 효율적이다. 그러나 음운론적 단어의 개념이 문법부와 음운부의 접촉 과정을 이해하는 데 필요한 단위로서의 위상은 인정할 수 있다. 그것은 음운론적 단어가 순수 운율 단위로서 기능한다기보다는 문법부와 음운부의 접촉 과정을 설명해 줄 언어 분석 단위로 판단되기 때문이다. 이에 따라 음운론적 단어를 다음과 같이 정의하고자 한다.

(28) 음운론적 단어의 정의

음운론적 단어 : 형태·통사 영역에 속하는 언어 형식의 자립성 여부가 운율적으로 어긋난 언어 형식

(29) 음운론적 단어의 형성 방법

가. 형태·통사적으로 비자립적인 형태가 운율적으로 분리되어 실현된 경우

나. 형태·통사적으로 서로 자립적이어야 할 단어들이 하나의 운율 형식으로 실현된 경우

따라서 음운론적 단어는 음운론 영역에서보다 형태론의 범주에서 다루어질 필요가 있으며, 그럴 경우 운율 경계라는 음운론적 정보가 제시되어야 할 것이다. 그때의 음운론적 분리성, 운율 경계 또는 하

나의 운율 형식, 운율적 자립 형식은 '강세구'가 될 것이다. 그러므로 '체언+조사'나 '용언+어미', '접사+어근', '어근+접사'류는 하나의 강세구를 이루더라도 음운론적 단어로 볼 수 없다. 조사나 어미, 접사는 비자립적이기 때문에 하나의 선후행 요소와 결합하여 강세구를 이루는 것이 한국어의 특성상 자연스럽기 때문이다. 다만 운율 단위가 분리될 경우는 음운론적 단어로 인정할 수 있다. 그것은 비자립적인 형태소가 운율적으로는 자립하여 실현되었기 때문이다.

6장 억양구와 경계 성조의 위계

6.1 억양구 연접 양상과 억양구의 두 유형

Jun(2000)에서는 운율 단위 간의 운율적 끊김(disjuncture)의 정도성을 표시하기 위한 층위로 'break index tier'를 두고 '단어 층위'에서 전사된 모든 단어의 끝에 경계 색인(끊김의 정도)을 표기하고 있다. 경계 색인을 4등급으로 표시하는데, '0'은 띄어쓰기는 하지만 홀로 사용되지 못하고 수식어를 필요로 하는 의존 명사류의 경계 표시에, '1'은 강세구 내의 단어 경계의 표시에, '2'는 최소 구 연접 경계 표시에, '3'은 강한 구 연접의 경우에 표시를 한다. 다시 말해, '0'은 하나의 운율 단위로 실현되는 '수식어+의존 명사' 사이에, '1'은 '강세구 내의 단어'마다에, '2'는 강세구 경계에, '3'은 '2'보다 큰 연접인 '억양구' 경계에 표시한다.[1]

---

1) 0 : For cases of clear phonetic marks of "clitic" group
 1 : For phrase-internal "word" boundarys which are not marked by such cliticization

그러나 실제 음성 전사 과정에서는 해당 운율구 경계와 운율구 연접의 불일치 현상이 자주 발생하는데, 운율 단위 경계가 가져야 할 연접의 무게가 일치하지 않을 경우를 표시하기 위하여 Jun(2000)에서는 'm(mismatch)' 문자를 사용하여 운율 경계와 다르게 실현된 연접의 불일치를 표시하였다. 따라서 '1m'의 경우는 강세구 경계이지만 운율적으로 강세구 내 단어 연접으로 실현될 때, '2m'은 단어 경계나 억양구 경계이지만 강세구 연접으로 실현될 때, '3m'은 강세구 경계이지만 억양구 연접으로 실현될 때를 표시한 것이다.2)

그런데 Jun(2000)에서 제시한 경계 색인 층위는 단어 및 통사를 기준으로 한 성격이 있다. 실제로 경계 색인 단계 '0'과 '1'은 운율 분석을 통하여 경계짓기가 불가능하다. 그것들은 운율적인 연접이 아니라 형태·통사적 연접의 성격으로, 보통 운율 분석 과정 이전에 형태·통사에서 자동적으로 주어질 수 있기 때문이다. 따라서 경계 불일치가 발생하는 경우도 '0'이나 '1'이 아닌 '2'나 '3'의 경우이다.

그런데 이러한 불일치는 '2m'의 경우에서 흔하게 발생한다. 이것은 경계 성조가 실현되었기 때문에 억양구로 판단해야 할 것이지만, 억양구 경계에서 나타나는 충분한 장음화나 휴지가 실현되지 않았기 때문에 억양구 연접으로 지각되지 않는다는 것을 의미한다. 이러한 불일치가 빈번하게 나타난다는 것은 억양구 단위 내에서 세밀한 구분이 필요하다는 것을 의미하기도 한다.

---

phenomena and can be pronounced by itself

2 : For cases of a minimal phrasal disjucture, with no strong subjective sense of pause

3 : For cases of a strong phrasal disjuncture, with a strong subjective sense of pause

2) 1m : A disjunctue that typically would correspond to a phrase medial word boundary, but is marked by the tonal pattern of an AP.

2m : A medium strength disjuncture that typically would be marked by the tonal pattern of the AP, but without any tonal markings, or with the tonal markings of an IP edge.

3m : A highest strength disjuncture that typically would be marked by the tonal pattern of the IP, but with the tonal markings of an AP.

주지하다시피 한국어의 운율 계층은 하부 단위로부터 '음절-강세구-억양구'로 구성된다. 강세구는 일정한 성조 연쇄가 나타나는 단위로 설명되며, 억양구는 경계 성조가 나타나 하나의 억양이 완성되는 단위로 설명된다. 그러나 다음의 경우를 보자.

(1) 쌀과 팥물의 비율은 일대 오쯤 되면 적당하다.

① IP(HL%)　② ip(HL%)

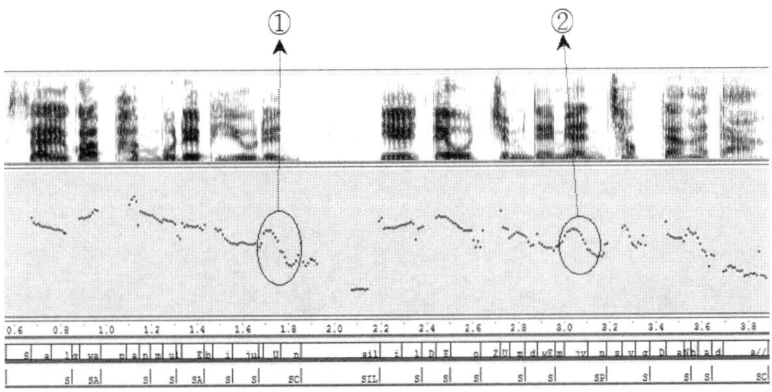

그림 6-1 경계 성조의 실현 양상 비교

위 발화 자료에서 ①과 ②는 모두 경계 성조이다. 그러나 ①과 ②는 연접에서 큰 차이를 보여서 동일한 억양구로 처리하기 어렵다. ①의 경계 성조가 실린 음절 '은'이 장음화가 실현되고 휴지가 뒤따르는 것에 비하여, ②의 경계 성조가 실린 음절 '면'은 장음화가 실현되기는 하였으나 충분하지 않으며 휴지가 뒤따르지도 않았다. ②가 포함된 억양구 경계는 ①의 경계만큼 운율 경계가 뚜렷하게 지각되지 않는다.

음성 분석 도구를 이용한 음높이 곡선의 시각적인 분석 과정에서 두 곳의 경계 성조를 확인할 수는 있겠으나, 음높이 곡선을 참고하지 않고 청각에만 의지한다면 ②의 경계 성조는 분명한 억양구로 지각되지 않는 측면이 있다. 따라서 Jun(2000)의 방법대로라면 ②의 경우는 경계 색인 층위(break Index tier)에서 '2m'이나 '3-'로 표기해야 할 부분이다.[3] Jun(2000)에서조차 그러한 운율구와 경계 무게(연접)의 불일치가 발생한 이유나 양상을 설명하지 않고 있으나 이러한 차이는 분석 대상이 된 자료들에서 자주 관찰되고 있어 단순히 경계의 불일치로만 처리하기에는 불합리한 점이 있다. 억양구 경계와 연접의 불일치가 발생한 다른 예를 보자.

(2) 생체 실험으로 죽은 한국인과 중국인임이 틀림없다.

① AP ② ip(H%) ① AP ③ IP(HL%)

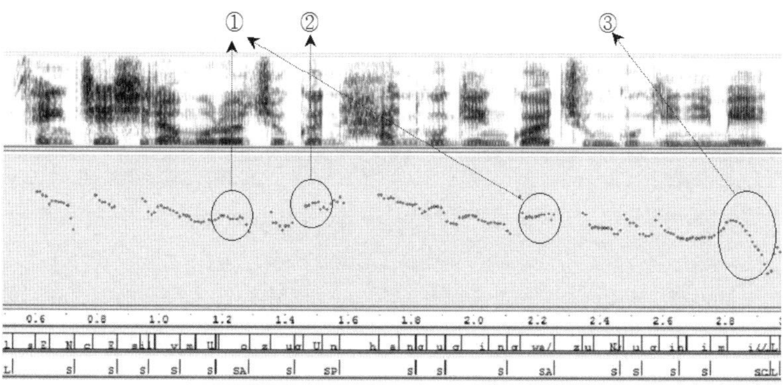

그림 6-2 경계 성조 고조와 강세구 고조의 실현 양상 비교

음성 자료에서 ①의 두 곳 음절 '로'와 '과'는 강세구 성조 연쇄의 마지막 고조이다. 강세구 '생체 실험으로'는 'HHLHa'의 성조 연쇄를

3) 문자 '-'는 해당 운율 경계보다 약하게 지각될 때를 표시한다. 가령 '3-'은 억양구이지만 보편적인 억양구 연접보다 약하게 지각되지만 그렇다고 강세구 연접으로 보기에는 연접의 크기가 클 때를 의미한다.

보이며 마지막 음절 '로'에 고조가 실현되었고, 강세구 '한국인과'도 'HHLHa'의 성조 연쇄를 보이며 마지막 음절 '과'에 고조가 실현되었다. ③은 억양구 경계 성조가 실현된 경우이다. '중국인임이'의 마지막 음절 '이'에 경계 성조 'HL%'과 장음화가 실현되었고 휴지 구간이 뒤따른다. 음높이 곡선을 참고하더라도 억양구가 경계 성조에 의해 구별된다.

그러나 ②의 경우를 보자. 일견 '죽은'의 성조는 음절 '죽'에 저조가, 음절 '은'에 고조가 실린 것으로 지각되어 강세구로 판단하기 쉽다. 2음절 강세구는 보통 'LHa'이나 'HHa'의 성조 연쇄로 나타나는데, ①의 고조와 비교해 보면 ②는 고조 이전에 실현된 저조와 음높이 값에서 뚜렷하게 차이가 난다.

표 6-1 강세구 성조 연쇄와 경계 성조의 음높이 변화 비교

운율 경계 위치	저조와 고조의 음높이값		저조와 고조의 음높이 차이 (Hz)	저조와 고조의 시간 간격 (ms)	시간 간격 대 음높이값 비율 (음높이/시간)
	저조 (Hz)	고조 (Hz)			
①-1	210	220	10	128	0.08
①-2	202	245	33	140	0.23
②	210	283	73	94	0.78
③	187	233	46	76	0.67

표 6-1에서 저조와 고조가 실현된 음높이의 차이를 비교하면, ②에서 가장 큰 차이가 났음을 알 수 있다. 강세구 경계인 ①-2와 억양구 경계인 ③의 경우는 각각 '33Hz'와 '46Hz'로 측정되어 큰 차이를 보이지 않았지만 저조와 고조가 실현된 시간 간격을 대비해 보면, 저조에서 고조로 진행하는 기울기는 억양구인 ③이 강세구 경계인 ①-2보다 급격한데 이것은 저조에서 고조로 짧은 시간에 상승하였다는

것을 의미한다. 이러한 차이는 시각적 관찰을 통해서 보다 분명히 판단 가능하겠지만, 청각에만 의존하면 ②의 성조를 경계 성조로 판단해야 할지 강세구의 고조로 판단해야 할지 분명하지 않다.

② '죽은'을 저조-고조(LH)의 강세구로 보기 어려운 이유가 여기에 있다. 위 표에서처럼 저조와 고조의 실현 양상이 강세구의 성조 연쇄 양상과 다른 모습을 보인다는 점은 음절 '은'에 실린 고조가 강세구 내 고조가 아니라 경계 성조 'H%'로 판단되어야 함을 나타낸다. '죽은'을 억양구 경계로 보아야 하는 다른 근거는 '생체 실험으로 죽은'이 점진적 하강화(declination) 양상을 보이고 있으며, '죽은' 다음에 음높이의 재조정이 일어나 후행하는 강세구 '한국인임과'가 높은 음높이 영역에서 시작하여 음높이의 점진적 하강화가 새롭게 진행된다는 점이다.

또한 ②의 위치에서, 억양구 경계에 나타나는 마지막 음절의 장음화가 뚜렷하게 나타나지도 않으며, 억양구 다음에 휴지가 실현되지도 않았기 때문에 억양구로 판단하기에 모호하다는 점이다. 한국어 운율 표기에 의하면 '2m'로 처리되어야 할 부분이다. 억양구이지만 억양구 경계 만큼의 끊김이 느껴지지 않기 때문이다. 오히려 강세구로 판단될 가능성이 크다.

이와 같은 경우를 '불완전 억양구'라 부르기로 한다. 경계 성조가 나타난다는 점에서 억양구이지만 억양구의 일반적인 연접 양상이 나타나지 않아 억양구 만큼의 운율 경계가 지각되지 않기 때문이다. 이러한 불완적 억양구 경계의 특성은 다음 자료에서와 같이 확인된다.

그림 6-3 자료에서는 두 번째 억양구가 불완전 억양구이며, 첫 번째 억양구와 연접에서 다르다. 경계 성조의 실현이나 후행 억양구의 음높이 영역을 재조정하였다는 점에서는 동일하나 억양구 말음절의 장음화나 휴지가 뒤따르지 않았다는 점에서 차이가 있다. 억양구의

두 유형에 나타난 연접을 비교하면 다음과 같다.

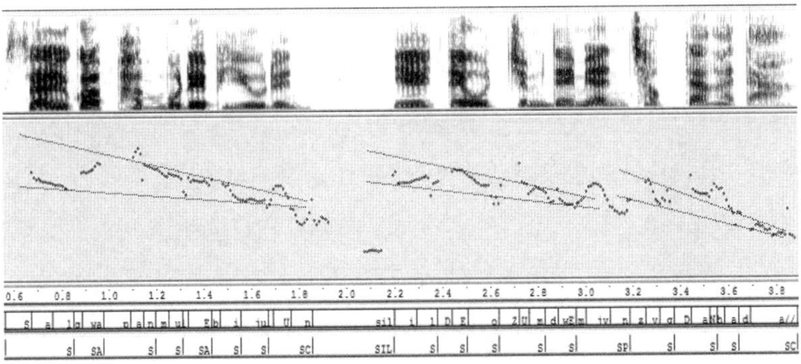

그림 6-3 불완전 억양구의 하강화 현상

표 6-2 억양구 연접의 양상

	경계 성조	후행 억양구의 음높이 영역 재조정	말음절 장음화	휴지
억양구 연접	●	●	●	●
불완전 억양구 연접	●(HL%, H%)	●	○	×

※●는 일반적인 실현을, ○는 관찰은 되지만 일반적 실현이 아님을 의미한다.

억양구와 불완전 억양구는 경계 성조가 나타난다는 점에서 공통적이다. 그러나 불완전 억양구는 마지막 음절에서 장음화가 발생하기도 하지만 일반적으로 충분한 장음화가 일어나지 않는다. 또한 억양구는 휴지를 필연적으로 동반하는 데 비하여 불완전 억양구는 휴지를 동반하지 않는다. 이러한 휴지의 동반 여부는 음높이의 재조정에서도 차이를 가져오는 것으로 풀이된다. 억양구 경계에서 휴지가 실현되어 후행 억양구가 다시 완전한 음높이 재조정이 일어난 반면, 그림 6-3에서 관찰되는 것처럼 불완전 억양구에 후행 하는 억양구에서는 음높이 재조정이 완전하게 이루어지지 않는다. 완전한 음높이의 재조정이 일어날 수 있는 발화 환경은 충분한 시간적 간격이며, 휴지가 그러한 기능을 담당하는 것으로 보인다.

불완전 억양구는 완전한 음높이 재조정이 일어나지 않았다. 그것은 달리 말하면 후행 구성 요소와 운율적으로 긴밀하게 연결되어 있음을 의미한다. 억양구가 충분한 장음화와 휴지로 인해 후행 구성 요소와 운율 구조적인 면에서 분명히 구별된다면 불완전 억양구는 후행 요소와 운율 구조적인 면에서 억양구보다 긴밀한 관계를 갖고 있음을 뜻하는 것으로 풀이된다. 그것은 통사 구조와의 관련성을 따져 보아도 운율적 위계성과 통사적 위계성이 밀접하게 연결되어 있음을 파악할 수 있다.

(3) 가. 각과 각은 직각이고 선분이 밑변의 중점에서 만난다
| |
IP ip

[[[각과 각은] 직각이고]$_{IP}$ [선분이$_{ip}$ [[밑변의 중점에서] 만난다]]]

나. 국도 상황도 고속도로와 별 차이가 없겠죠, 어떻습니까
| |
ip IP

[[[국도 상황도]$_{ip}$ [[고속도로와] [[별 차이가] 없겠죠]]]$_{IP}$, 어떻습니까]

다. 장자를 철학으로 읽는다면 그 으뜸의 가치는 사상일 것이다
| |
IP ip

[[장자를 [철학으로 읽는다면]]$_{IP}$ [[그 [으뜸의 가치는]]$_{ip}$ 사상일 것이다]]

라. 오월만 되면 진자주 빛의 우아한 꽃을 왕성하게 피웠다
| | |
IP ip ip

[[[오월만] 되면]$_{IP}$ [[[진자주 빛의]]$_{ip}$ [우아한 꽃을]]$_{ip}$ [왕성하게] 피웠다]]

(IP는 억양구, ip는 불완적 억양구를 의미한다. 이하 같음)

이러한 통사적 긴밀성은 정보 구조와의 관련성과도 더불어 검토되어야 하겠지만, 우선은 불완전 억양구와 억양구의 생성 과정이 통사적 긴밀성과 관련되어 있다는 것 자체가 억양구로부터 불완전 억양구를 구별할 필요성이 있다는 것을 보여준다고 하겠다.

그런데 불완전 억양구의 운율 양상은 낭독 발화 자료에서 분명히, 그리고 자주 관찰되는 반면에 자유 발화 자료에서는 적극적으로 관찰되지 않는다. 그것은 자유 발화가 억양구 중심으로 운율이 짧게 생성되기 때문인 것으로 이해된다. 이것은 낭독 발화와 자유 발화의 운율적 차이이기도 하다. 발화 유형에 따른 운율 생성의 차이와 그 원인에 대해서는 7장에서 검토할 것이다.

6.2 억양구의 위계와 비종결 경계 성조의 기능

6.2.1 종결·비종결 억양구의 경계 성조

억양구는 경계 성조에 의해 억양이 완성되는 하나의 단위로 설정되며, 억양구가 병렬로 연결되어 발화를 이룬다. Jun(2000)에서 제시된 억양 계층 모형으로는 억양의 최상위 단위는 억양구이다. 그 이상의 단위를 설정하지 않았다는 것은 억양구가 병렬적으로 나열되어

발화를 이루는 과정으로 인식하였다고 볼 수 있다.

그러나 Jun(2000)에서 발화의 운율 구조를 그렇게 판단함으로써 억양구 및 경계 성조의 기능을 모호하게 이해하게 되는 이유가 되었다. 실제로 몇 개의 억양구로 구분되는 하나의 긴 발화를 억양구별로 나누어 따로 들려주면 대부분의 청자는 발화가 아직 끝나지 않은 것으로 지각한다.

그것은 발화 내 억양구와 발화 말 억양구가 운율에서 근본적으로 차이가 있다는 것을 의미한다. 억양이 완료되지 않았다고 청자가 느끼는 어떤 운율적 단서가 있을 것이며, 동일한 억양구라 하더라도 발화 내인지 발화 마지막 억양구인지를 구분하여야 한다는 것을 의미한다.

발화의 운율 구조를 이루는 억양구와 경계 성조에 대한 모호한 이해는 Jun(2000)에서 그대로 나타난다. Jun(2000)에서는 발화 마지막 억양구의 경계 성조와 발화 내 경계 성조가 동일한 유형이 올 때 그 차이를 설명하지 못하였다. 가령, 'H%' 경계 성조는 발화를 의문문으로 만드는 역할을 한다. 그런데 그것이 발화 내에 위치한 억양구 경계 성조가 'H%'로 실현된 경우도 의문문을 만드는 기능을 한다고 설명할 수는 없다. 그것은 억양구와 억양구의 연결에서 선행 억양구와 후행 억양구의 의미적, 통사적 관계로 설명해야 한다. 억양구마다 나타나는 동일한 경계 성조가 동일한 기능을 하는 것으로 볼 수는 없다. 기능이 전혀 다른 것을 하나의 범주로 처리하면 동일 경계 성조의 서로 다른 기능을 설명하지 못하게 된다. 흔히 평서문의 발화에서 나타나며 발화 종결을 의미하는 것으로 설명하고 있는 경계 성조 'L%'의 경우도 마찬가지이다. 다음의 예를 보자.

(4) 혹 노자가 딸린다거나 행장이 불비할 때 그들은 의례 옥화네
① IP(L%)

주막을 찾았다.
② IP(L%)

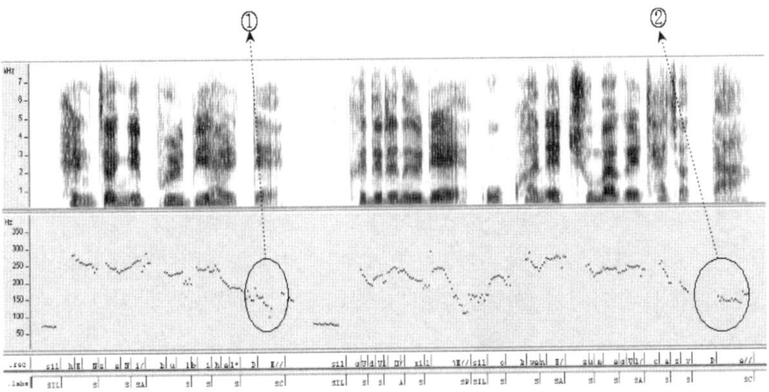

그림 6-4 비종결 경계 성조와 종결 경계 성조

(4)의 발화는 '혹// 노자가 딸린다거나 // 행장이 불비할 때 // 그들은 // 의례 옥화네 주막을 찾았다//'와 같이 다섯 개의 억양구로 구분된다. 이 가운데 경계 성조 'L%'이 실현된 위치는 세 번째 억양구 '행장이 불비할 때'와 마지막 억양구 '의례 옥화네 주막을 찾았다'이다. 이들은 아래 그림에서 각각 ①과 ②로 표기된 부분이다. ①은 발화 내의 억양구 경계 성조이며, ②는 발화 종결 억양구 경계 성조이다. ①과 ②는 모두 저조의 단일 경계 성조(L%)로 실현되었다. 그러나 두 경계 성조는 실현된 경계 성조형이 동일하지만 기능까지 동일한지는 의문이다. ①의 경계 성조는 하나의 발화체에서 구나 절이 나열되는 억양구에서 관찰되며, ②는 발화의 종결 경계 성조로 전달하는 내용이 진술임을 나타내는 기능을 담당하기 때문이다. 언어 보편적으로 억양구 마지막 음높이가 하강(저조)하면 진술의 기능을 하고, 상승

(고조)하면 의문의 기능을 한다고 한다.

그런데 발화 내 위치인 ①에서 경계 성조 'L%'이 실현되었더라도, 그것이 진술의 기능을 한다고 보기 어렵다. 이러한 예는 경계 성조 'L%'에만 해당되는 것은 아니다. 이 외에도 발화 내 억양구에서는 'H%', 'HL%'의 경계 성조가 나타나기 때문이다. 따라서 동일한 경계 성조라도 발화 내에 위치하는가, 발화 마지막에 위치하는가에 따라 전혀 다른 기능을 한다고 볼 수 있다.

이것은, 형태소의 품사를 구분하는 과정에서 동일한 형태를 그 기능에 따라서 다른 형태소로 구분하는 방법과 유사한 경우라고 할 수 있다. 예를 들어 '듯'의 경우 '추측'을 나타내는 의미가 있고, '비유'를 나타내는 의미가 있다. 우리는 의미 기능의 차이와 통사적 결합 양상의 차이를 근거로 '추측'을 나타낼 때는 의존 명사로 처리하고 '비유'를 나타낼 때는 어미로 처리하여 구분한다. 그렇게 구분하는 것은 형태적인 면보다 기능적인 면을 고려하였기 때문이다. 만약 '듯'을 하나의 형태로 처리할 경우 우리는 '듯'이 가지게 될 서로 다른 의미 기능이나 통사적 결합 양상의 차이를 체계적으로 설명할 수 없게 된다.

경계 성조의 경우도 마찬가지로 이해할 수 있다. 발화 내 경계 성조와 발화 마지막 경계 성조를 하나의 경계 성조 범주로 처리할 경우, 발화 내 경계 성조와 발화 마지막 경계 성조에 동일한 유형이 오더라도 서로 다른 기능을 하는 것을 설명하지 못한다.

따라서 발화 내 경계 성조의 기능과 발화 말 경계 성조의 기능을 비교한 결과 그 기능면에서 본질적인 차이가 있음을 인식하고 다음과 같이 경계 성조를 구별한다.

(5) 경계 성조의 종류

가. 발화 비종결 억양구의 경계 성조 : 발화 내 억양구 경계 성조
나. 발화 종결 억양구의 경계 성조 : 발화 마지막 억양구의 경계 성조

이때 발화 종결의 기능을 하는 경계 성조에는 Jun(2000)에서 제시한 모든 경계 성조의 유형이 모두 실현되지만 비종결 경계 성조의 경우 낭독 발화 자료에서는 다음과 같은 유형이 주로 관찰된다.

(6) 발화 내에서 실현되는 비종결 억양구의 경계 성조 목록

가. 완전한 억양구의 경계 성조 : H%, HL%, L%
나. 불완전 억양구의 경계 성조 : H%, HL%

그만큼 비종결 경계 성조의 경우는 그 기능면에서 많은 제한이 따른다는 것을 의미한다. 비종결 경계 성조는 발화 내에서 후행 요소와의 관계에서 설명되는데, 후행 요소와의 관계를 고려한다면 비종결 경계 성조는 발화의 정보 구조를 형성하고 세분화하는 기능을 담당하기도 하고 후행 운율 구성 요소와의 통사적, 정보적 관계를 긴밀히 이어주는 역할을 하는 것으로 이해된다.

6.2.2 비종결 억양구 경계 성조의 위계와 예외

발화에서 억양구는 후행 억양구와 병렬적으로 이어지는 듯이 보인다. 단선적으로 이어지는 억양구 사이의 위계 관계를 포착하기가 쉽지 않기 때문이다. 그렇지만 자유 발화에 비해 발화 길이가 비교적

길고 일정한 통사 구조를 갖춘 낭독 발화의 경우에 억양구 경계 성조가 실현된 위치를 통사 구조와 비교하면, 경계 성조가 억양구간의 위계를 어느 정도 반영하고 있는 듯이 판단된다. 이러한 특성은 발화 유형에 따라 다를 수 있는데, 낭독 발화 자료의 통사 구성과 운율 구성이 어느 정도 일치하는 양상이 관찰된다. 그러나 자유 발화 자료에서는 그러한 일치성을 논하기가 어렵다. 그것은 자유 발화 자료에서는 통사 구성의 계층성과 운율 구성의 계층성이 무너지고 정보 크기 단위로 억양구가 형성되는 것이 일반적인 특징인 것으로 추측되기 때문이다. 이러한 특성으로 인해 억양구 생성의 근본적인 원인을 정보 구조 형성 과정에서 찾아야 할지도 모른다.

낭독 발화 자료에서 보이는 운율 구조와 통사 구성이 일치하는 양상은 6.2절의 (3)의 자료를 통해서 일견 확인할 수 있었다. 물론 억양구 경계 성조가 불완전 억양구 경계 성조보다 더 큰 운율 경계를 형성하는데, 억양구와 불완전 억양구의 경계 성조가 동일하더라도 거기에는 어느 정도의 위계가 정해져 있는 것으로 보인다. 발화 내 억양구 가운데 동일한 경계 성조가 실현된 다음의 예를 보자.

(7) 앞의 바람이 휘휘 울리면 뒤의 바람이 윙윙 따른다

IP(HL%) (울리면) ip(HL%) (바람이)

[[[앞의 바람이] 휘휘 울리면]$_{IP}$ [[뒤의 바람이]$_{ip}$ 윙윙 따른다]]]

(8) 그들이 산 속의 외딴 집에 도착했을 때는 몹시 굶주려 있었다

ip(HL%) (그들이) IP(HL%) (때는)

[[[[그들이]$_{ip}$ [[[산 속의] [외딴 집에]] 도착했을]] 때는]$_{IP}$ [[몹시] 굶주려 있었다]]

위의 두 발화 자료에서는 억양구 경계와 불완전 억양구 경계가 하나씩 실현되었으며, 경계 성조 유형도 동일하다. 억양구 경계에서는 고저조(HL%) 경계 성조가 실현되었고, 불완전 억양구에서도 고저조(HL%)의 경계 성조가 실현된 점이 동일하다. 다만 (7)은 억양구 경계가 먼저 나타났고, (8)은 불완전 억양구 경계가 먼저 나타났다는 점에서 차이가 있다. 이러한 순서상의 차이는 기능상 큰 의미를 부여할 수 없는 특징이라고 할 수 있다. 그러한 경계 순서는 통사 구성과 관련되어 있는 것으로 보이는데, (7)의 예문은 통사적으로 '앞의 바람이 휘휘 울리면'과 '뒤의 바람이 윙윙 따른다'로 우선 분리된다. 선행절과 후행절 사이에서 가장 큰 운율 경계인 억양구 경계가 나타났고 후행절 내에서 주어부와 서술부 사이에 불완전 억양구가 실현되었다.

(8)은 안은 문장과 안긴 문장의 경계에서 억양구가 실현되었고 두 문장의 공통 주어인 '그들이' 뒤에 불완전 억양구 경계가 실현되었다. 결국 절과 절 사이에 더 큰 운율 경계인 억양구 경계가 생성된 것으로 보아 통사 구성과 운율 구성이 밀접한 관련성이 있으며, (7)과 (8)의 예를 통해서 억양구는 불완전 억양구보다 상대적으로 더 큰 통사 구성 사이에 위치한다는 사실을 알 수 있다.

다음의 예에서도 그와 같은 양상을 보이고 있다.

(9) 예약 문화가 차츰 자리 잡아 가고 있는 것으로 분석됐다
        | |
IP(HL%) ip(HL%)

[[[[예약 문화가]$_{IP}$ [[차츰$_{ip}$ [자리 잡아]] 가고] 있는] 것으로] 분석됐다]

(9)의 경우 주어부와 서술부 사이에 억양구 경계가 생성되었고, 불완전 억양구 경계는 후행 서술부 안에 위치한 구 '자리 잡아 가고 있는'을 수식하는 부사어 '차츰' 다음에 생성되었다. 불완전 억양구의

경우가 의외인데, 통사 구성을 참고하면 불완전 억양구는 서술어 '분석됐다' 앞에서 생성되어야 한다. 왜냐하면 '차츰' 다음에 불완전 억양구가 생성된 것을 통사적으로 설명하면 부사어 '차츰'은 서술부 전체를 수식하는 구성으로 분석되기 때문이다. 이런 점에서 통사 구성과 운율 구성이 전적으로 일치한다고 보기 어렵다. 운율적으로 낭독 발화 자료에서 서술어 앞에 불완전 억양구나 억양구 경계와 같은 큰 운율 경계가 생성되는 것은 매우 드문 예이며, 오히려 서술어 앞에서는 강세구 경계가 해지(dephrasing)되어 선행하는 구성 요소와 운율적으로 결합해 하나의 강세구를 형성하는 현상조차 관찰된다.[4] 이와 비슷한 경우가 아래의 발화 자료에서도 관찰된다.

(10) 아버지는 수확철이 되면 멧돼지를 지키느라 밭에서 밤샘을 하는 일
IP(HL%) ip(HL%) IP(H%)
이 많았다

[[아버지는$_{IP}$ [[[[수확철이 되면]$_{ip}$ [[멧돼지를 지키느라]$_{IP}$ [밭에서 [밤샘을 하는]]]]] 일이] 많았다]]

(10)의 발화는 주어부와 서술부 경계에서 일차적인 억양구 경계가 생성되었다. 그리고 서술부의 주어 역할을 하는 '일이' 다음에 억양구가 생성되는 것이 통사 구성상 합당한 듯이 보이나 억양구나 불완전 억양구 경계가 실현되지 않았다. 따라서 주어부와 서술부로 나뉘는 곳에서 1차 억양구 경계가 발생하였고, '수확철이 되면' 다음에 불완전 억양구 경계가 실현되었고, 서술절 내부에서 종속적으로 이어지

4) 중의적 의문문의 운율 실현 방법을 분석한 박미영 · 안병섭(2003:237)에서는 분석 자료에서 서술어와 서술어에 선행하는 언어 요소 사이에서 강세구 해지가 일어나 하나의 강세구를 형성하는 예가 피실험자 아홉 명에게서 고루 관찰되었으며, 그 빈도 또한 유의미하다고 논의하였다.

는 구 경계 위치인 '지키느라' 다음에서 다시 억양구 경계가 실현되었다. 두 개의 억양구 경계를 좀 더 비교하자면 1차 억양구 경계가 보다 큰 경계로 느껴진다. 그것은 경계 성조의 차이에서 비롯된 것으로 판단되는데, 일반적으로 'H%' 경계 성조가 'HL%' 경계 성조보다 후행구와 운율적으로 긴밀하게 연결되는 것으로 지각되기 때문이다. 그것은 'H%'와 'L%'의 기능적 차이에서 비롯된 것으로 해석되는데, 상승으로 끝나는 억양구보다 하강으로 끝나는 억양구가 운율적으로 완료된 느낌을 주고, 'H%' 경계 성조는 발화가 계속된다는 정보 기능을 담당하기 때문이다. 결국 발화 내 억양구의 경계 성조에서는 경계 성조 'H%'이 경계 성조 'L%'보다 선행 요소와 후행 요소를 운율적으로 긴밀하게 연결하는 기능을 담당하는 것으로 이해할 수 있다.

이번엔 경계 성조 'L%'와 'HL%'의 경우를 비교해 보자.

(11) 거센 조류와 어둠까지 겹쳐 초동대처가 사실상 불가능했다고
| | |
ip(HL%) IP(L%) IP(HL%)
설명한다

[[[[[거센 조류와]$_{ip}$ 어둠까지] 겹쳐]$_{IP}$ [초동대처가$_{IP}$ [사실상 불가능했다고]]] 설명한다]

(11)의 경우 발화 내에서 하나의 불완전 억양구와 두 개의 완전한 억양구 경계가 발생하였다. 통사 구성상 가장 큰 경계는 선행 절과 후행 절로 구분할 수 있는 '어둠까지 겹쳐' 다음이다. 그리고 후행 절에서 주어부와 서술부의 경계가 되는 곳에 억양구 경계가 발생하였다. 이것으로 보아 억양구 경계 성조 'L%'가 'HL%'보다 더 큰 경계임을 판단할 수 있다.

(10)과 (11)의 예를 통해서 발화 내에 생성되는 억양구의 경계 성조

간에는 다음과 같은 위계적 순서가 성립될 수 있을 것이다.

(12) 발화 내 억양구 경계 성조의 위계 : L% > HL% > H%

그러나 몇 개의 단어가 병렬적으로 나열되는 발화에서는 억양구 경계 성조가 (12)의 위계적 순서를 반드시 지켜지는 것은 아니다. 그것은 동등하게 나열되는 단어나 구들에서 억양구가 생성된 경우에 관찰된다.

(13) 나의 누이동생을 아가씨, 아씨, 작은 아씨 등으로 부른다

ip(HL%) IP(L%) IP(L%)

[[나의 누이동생을]$_{ip}$ [[[아가씨$_{IP}$ [아씨$_{IP}$ [작은 아씨]]] 등으로] 부른다]]

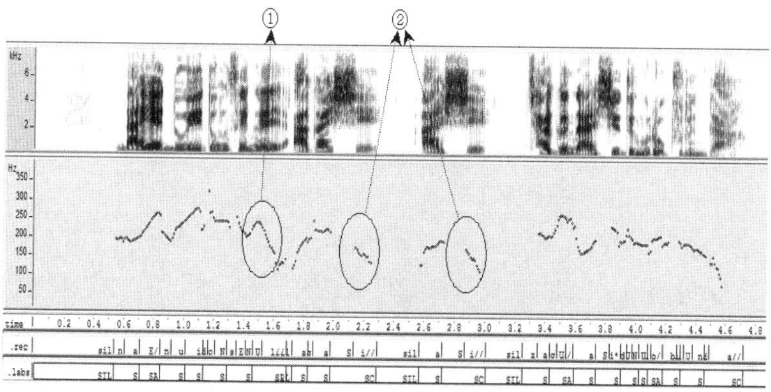

그림 6-5 열거 기능의 비종결 경계 성조(1)

그림 6-5에서 ②의 경계 성조가 열거의 기능을 나타내는 경우이다. 이 발화에서와 같이 명사나 명사 구가 여러 개 나열되는 경우, 나열된 명사나 명사 구의 억양구마다 'L%' 경계 성조가 실현되는데, 이

같은 경우는 (12)의 경우와 구별하여 '열거'의 'L%' 경계 성조로 파악하는 것이 효과적일 수 있다.

'열거'의 기능은 경계 성조 'L%'뿐만 아니라 경계 성조 'H%'도 담당하고 있는 것이 관찰된다. '열거'의 기능을 담당하는 'H%' 경계 성조는 자유 발화에서 주로 관찰된다.

(14) 저는 사과랑 바나나랑 토마토 방울 토마토 좋아하구요.

IP(H%) IP(H%)

[[저는] [[사과랑]$_{IP}$[바나나랑]$_{IP}$[토마토 [방울 토마토]]] 좋아하구요]

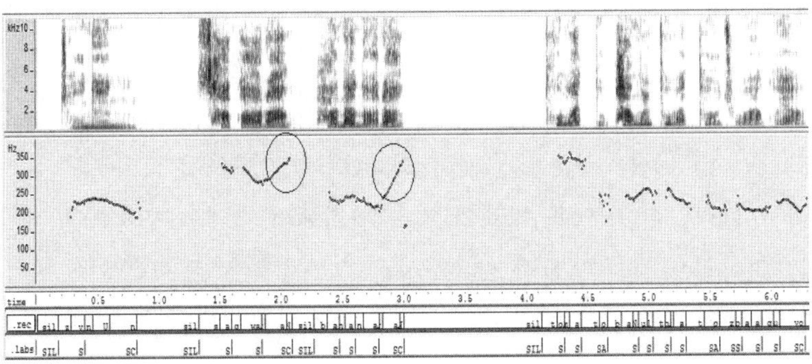

그림 6-6 열거 기능의 비종결 경계 성조(2)

이 발화는 자유 발화 자료인데, 하나의 발화가 네 개의 억양구로 실현되어 세 곳에서 발화 내의 억양구 경계 성조가 나타났다. 그 가운데 화자가 좋아하는 과일을 열거하는 과정에서 '사과랑'과 '바나나랑'에서 '열거'의 기능을 하는 'H%'의 억양구 경계 성조가 관찰되었다. 다만 자료에서 '바나나랑' 다음에 긴 휴지가 왔는데, 이것은 화자가 자신이 좋아하는 과일을 더 나열하고 싶었으나 마땅히 떠오르지 않아서 일시적으로 정보를 탐색하는 의식의 흐름이 나타난 과정으로 해석된다. 그것은 정보 탐색 후에 '토마토'를 발화하다가 '방울토마토'로 급하게 정보 내용을 수정한 사실로 미루어 추측할 수 있다.

따라서 '열거'의 기능을 하는 경계 성조는 경계 성조의 위계에서 예외로 해 둘 필요가 있으며, 매 발화 내에서 열거 요소마다 동일한 경계 성조로 실현된다는 특징이 있다. (13)에서는 열거하는 요소마다 'L%' 경계 성조가, (14)에서는 'H%' 경계 성조가 동일하게 반복되었고, 마지막 열거 요소는 후행 서술어와 운율적으로 결합하여 하나의 억양구로 생성되었다.

'열거'의 기능을 하는 'L%' 경계 성조와 'H%' 경계 성조가 기능적인 차이를 보이는 것으로 보이지는 않는다. 낭독 발화에서는 'L%' 경계 성조가, 자유 발화에서는 'H%' 경계 성조가 주로 나타난다는 차이로만 파악된다. 그러나 이러한 차이를 자료의 차이에서 비롯된 것으로만 생각하는 것은 운율 양상의 표면적인 관찰에만 치우친 결과라고 할 수 있다. 낭독 발화와 자유 발화에서 보이는 운율적인 차이는 의식의 흐름을 운율적으로 구성하는 화자의 정보 생성 차이가 필연적으로 운율 생성의 차이로 나타난 것으로 판단되기 때문이다.

6.2.3 불완전 억양구 경계 성조의 위계

억양구 경계 성조와 마찬가지로 불완전 억양구 경계 성조의 경우에도 통사 구성의 계층성을 어느 정도 반영하는 것으로 보인다. 불완전 억양구 경계 성조로는 'HL%' 경계 성조와 'H%' 경계 성조의 두 종류가 관찰되었는데, 억양구 경계 성조에서와 마찬가지로 'HL%' 경계 성조가 'H%' 경계 성조보다 더 큰 운율적 경계성을 가지는 것으로 보인다.

(15) 앵무새는 사람의 말을 흉내질하는 혀 탓으로 속에 갇혀 산다

| | |

IP(HL%) ip(H%) ip(HL%)

[[앵무새는]$_{IP}$ [사람의 말을$_{ip}$ [흉내질하는 [혀]]] 탓으로]$_{ip}$ [[속에] 갇혀] 산다]

(16) ... 통일 논의의 주도권을 잡으면 좋을 것이라고 하더군요.

| |

ip(H%) ip(HL%)

... [[[[통일 논의의$_{ip}$ [주도권을 잡으면]]$_{ip}$ 좋을 것이라고] 하더군요]

(17) 이 회사의 방송 시설을 이용할 계획인 것으로 알려지고 있다

| |

ip(H%) ip(HL%)

[[[[이 회사의$_{ip}$ [방송 시설을]] 이용할] 계획인 것으로]$_{ip}$ 알려지고 있다]

(18) 내가 얼마나 우리나라의 현실을 모르고 있는가를 절감하지 않을

| | |

IP(HL%) ip(H%) ip(HL%)

수 없었다.

[[내가 [얼마나$_{IP}$ [우리나라의$_{ip}$ 현실을 [모르고 있는가를]]]$_{ip}$ 절감하지 않을 수 없었다]

(19) 아래 그림과 같이 삼각형을 잘라서 세 각을 직선 위에 맞추어

| | | |

IP(HL%) IP(HL%) ip(HL%) ip(H%)

보아라.

[[[[아래 그림과 같이]$_{IP}$ 삼각형을] 잘라서]$_{IP}$ [세 각을$_{ip}$ [직선 위에$_{ip}$ [맞추어 보아라]]]]

(20) 야단치기보다는 우리 핏줄 속에 연면히 흐르고 있는 미덕을 자주

IP(HL%)	ip(HL%)	IP(H%)

들려줘야...

[[야단치기보다는]$_{IP}$ [[[[우리 [핏줄 속에]]$_{ip}$ [연면히 [흐르고 있는]] 미덕을]$_{IP}$ 자주 들려줘야] 한다고]...

(15～20)의 발화 자료를 통해서 불완전 억양구의 'H%' 경계 성조와 'HL%' 경계 성조의 위계를 정할 수 있을 것이다. 'HL%' 경계 성조가 'H%' 경계 성조보다 운율적인 경계성이 더 크게 지각될 뿐 아니라 그러한 경계 성조의 차이를 통사 구성 과정과 비교해 보면 어느 정도 일치하는 경향이 관찰되는 것을 확인할 수 있다. 따라서 불완전 억양구에서 나타나는 두 경계 성조 간에는 다음과 같은 연접의 위계가 설정될 수 있다.

(21) 불완전 억양구 경계 성조의 위계 : HL% > H%

억양구와 불완전 억양구는 연접의 차이로 인해 억양구 경계 성조가 불완전 억양구 경계 성조보다 위계에서 더 큰 경계성을 가지므로, (12)와 (21)를 종합하면 억양구와 불완전 억양구 경계 성조 간에는 일반적으로 다음과 같이 그 위계를 설정할 수 있을 것이다.

(22) 비종결 경계 성조의 위계

L% > HL% > H% >> HL% > H%

|← 억양구 →|← 불완전 억양구 →|

비종결 경계 성조들의 이러한 위계는 억양구 경계와 불완전 억양구 경계 간에 나타나는 양상이다. 그러나 비교 대상을 확대하여 강세구 경계와 불완전 억양구 경계 간에 또는 강세구 경계와 억양구 경계 사이에서 간혹 경계 위계적인 모습이 통사 구성과 불일치를 발생하는 경우가 있는데, 그러한 경우는 낭독 발화에서 관찰되기도 하지만 자유 발화에서 더욱 자주 관찰된다. 자유 발화에서 관찰되는 이러한 양상으로 인해, 결국 운율 구조는 통사 구조와의 관련성을 전제로 하지만 정보 구조와 보다 밀접하게 관련되어 있음을 추측할 수 있다.

6.3 발화 단위 설정의 필요성과 시도

운율 연구는 언어 연구의 중요한 출발점이라고 할 수 있다. 통사 및 의미·정보 구조와 같은 언어적 요소와 화자의 감정·태도 등과 같은 준언어적 요소들이 운율에 얹혀서 표현되기 때문이다. 따라서 운율을 음운론적으로 접근한다는 것은 말소리와 통사와의 관계, 말소리와 발화 의미·정보 구조와의 관계를 밝히는 적극적인 시도라고 할 수 있다.

말소리 연구 과정에서는 언어 자료를 분석하기 전에 분석할 자료에 대한 자료 처리 과정을 거친다. 그 과정에서 여러 단위들로 구분하는 작업이 진행된다. 운율과 관련해서는 운율 단위를 가르는 작업이 그것일 것이다.

6.1절과 6.2절에서 억양구의 종류와 위계, 발화 내 경계 성조의 기능을 살폈다. 그리고 그 과정에서 경계 성조가 갖는 본연의 의미 기능은 발화 마지막 억양구에서 더욱 적극적임을 알 수 있었다. 그리고 이러한 경계 성조의 의미 기능은 낭독 발화보다 자유 발화에서 더욱

적극적일 것임도 예상할 수 있었다. 결국 운율의 의미 기능이나 발화 의미를 정확하게 해석하기 위해서는 운율 단위의 최상위 층위로서 '발화' 단위를 적극적으로 설정할 필요가 있다.

그러나 '발화' 단위에 대한 명확한 정의와 분명한 구분 방법은 아직 묘연하다. 낭독 발화는 낭독하는 문장을 단위로 발화 단위를 설정할 수 있지만, 자유 발화는 그 속성상 발화 단위를 명확하게 구분하기가 쉽지 않다. 자유 발화 자료를 처리하는 과정에서 발화 종결을 구분 짓기가 어려운 것은 자유 발화가 문법적 특성보다 화자 특성이 많이 관여하기 때문이다. 다음 절에서 '발화' 단위 또는 이와 유사한 단위를 정의한 여러 논의들을 검토해 보고, '발화' 단위에 대한 정의를 시도해보기로 하자.

6.3.1 발화의 개념과 여러 정의들

발화라는 용어는 대체로 세 가지 맥락에서 사용된다. '언어 행위, 언어 자료, 언어 단위'가 그것인데, '행위'로서의 발화란 화자가 정보를 말소리에 담아 전달하는 행위인 발화 행위 자체를 의미하며, '자료'로서의 발화는 언어학적 연구 대상이 되는 언어 자료인 발화체 자체를 지칭하는 개념이다. 마지막으로 '단위'로서의 발화는 언어를 형성하는 구조 가운데 운율 구조를 이루는 운율 단위의 하나를 의미한다. 여기에서는 단위로서의 발화를 다른 두 개념과 구분하기 위해 '발화' 또는 발화 단위로 명시하며, 그 정의 방법을 검토하기로 한다.

언어 단위로서의 '발화'를 정의한 연구들이 진행된 바 있는데[5] 이 논의들은 접근 방법에 따라 운율 중심의 접근 방법, 담화·정보 중심

5) 이현복(1982), 유필재(1994), 세종계획(2001, 2002), 이희자(2002), 전영옥(2003), 김태경 외(2005) 등

의 접근 방법, 언어 수행 중심의 접근 방법으로 구분할 수 있다. 이러한 정의 방법들은 물론 한 가지 기준에만 의존하는 것은 아니다. 운율과 통사, 운율과 의미, 운율과 정보 등 두 가지 이상의 잣대를 대부분 이용한다. 어떤 언어 요소에 무게 중심을 두어 정의하느냐에 차이를 보일 뿐이다. 물론 이러한 차이는 연구자들의 연구 분야의 차이에서 비롯된 것으로 보인다. 각 논의들에서 내린 정의는 다음과 같다.

(23) '발화' 또는 이와 유사한 단위에 대한 정의들

가. 앞뒤에 쉼이 있는 말의 단위(이현복, 1982)

나. 통사 수형 구조의 최대 투사 마디에 해당하는 모든 억양구의 범위(Nespor & Vogel, 1986)

다. 음 연쇄에서 음운론적으로 양 끝에 휴지를 가진 완결된 단위(유필재, 1994)

라. 하나의 통일된 억양 윤곽에서 나타난 발화의 연속 단위(세종계획 21, 2001・2002)

마. 일정한 언어 행위를 수행하는 의사소통의 최소 단위로 문맥과 상황성이 포함된 단위(이희자, 2002)

바. 하나의 억양 윤곽에서 나타나는 발화의 길이이며, 화자의 의식에서 그 순간에 초점이 놓여진 특별한 정보가 언어로 표현된 단위(전영옥 2003, Chafe 1994)

(가)와 같은 정의에서는 발화 단위를 하나 이상의 말토막으로 구성된다고 보았다. 결국 (가)에서 정의한 '발화'는 최상위층 운율 단위인 '발화'이기보다는 이호영(1991, 1996)에서 제시한 '말마디'에 가까운 개념으로 받아들일 수 있으므로 '발화' 단위를 정의하기에는 충분하

지 못하다. 하나 이상의 말마디가 모여야 '발화'가 이루어지기 때문이다.

(나)의 정의는 통사 구조를 충실히 반영하여 운율 구조를 설정하는 방법이다. 이 정의에 의하면 기저에 통사 구조가 있고, 기저의 통사 구조를 바탕으로 해서 후통사 단계의 운율 구조가 완성된다. 이 논리대로 통사와 운율의 관계가 기저와 표면의 관계라면 우리에게 지각되고 분석되는 일차적인 틀은 운율 구조일 것이다. 추상적인 기저를 먼저 설정하고 그것을 구체적인 표면 운율 구조로 도출하는 이와 같은 과정은 과거 음운론에서 주로 해왔던 설명 방법으로, 이론적 설명이라는 한계를 벗어나기는 어려울 것으로 보인다. 왜냐하면 운율음운론 이론에서조차도 통사 구조와 운율 구조가 일치하지 않는다는 점을 인정하고 있기 때문이다. 또한 여러 연구에서 지적하였듯이 구어의 언어 형태가 문어와 상당히 다르게 나타난다는 점을 고려한다면, 문어 형식의 이상적이고 완전한 통사 구조가 과연 구어의 심층 구조인지는 의문이다. 더불어 이러한 방향성은 문어 연구의 틀로 음성 언어를 재단할 가능성을 배제할 수 없게 된다는 문제를 안고 있다.

(다)와 같은 정의 방법은, 발화 단위로는 하나의 단어도 발화로 쓰일 수 있으며, 불완전문도 휴지의 존재로 보나 그 자체의 응답이 끝났다는 완결성으로 보나 발화 단위로 보아야 한다고 하였다. 이 정의에 따르면 발화 단위 설정에는 두 가지 기준이 필요하다. 하나는 '양 끝의 휴지'이며, 다른 하나는 '완결성'이다. 그러나 이 기준들이 발화 단위를 설정하는 기준으로 적절한 것인지는 좀 더 검토해 볼 필요가 있다. 우선 발화 단위를 경계 짓는 휴지에 대해 알아 보자. 휴지는 단어 설정 방법이나 음운 규칙의 최대 적용 영역 등 많은 기능을 하는 것으로 알려져 왔다. 그러나 발화 단위를 구성하는 하위 층위인 억양구 경계에서 휴지가 실현되는 것이 Jun(2000)에 의해 제시되었으며,

안병섭(2007가)은 강세구 경계에서는 휴지가 실현되지 않는 것이 일반적이며, 억양구 경계에서는 휴지가 실현되는 것이 일반적임을 증명한 바 있다. 결국 휴지 실현이 발화 단위를 구분하는 필요충분조건이 될 수 없다는 것을 의미한다. 그렇다면 두 번째 기준이 첫 번째 기준의 부족한 역할을 보충할 수 있는가? 그러나 그것도 소원해 보인다. 이 논의에서 밝힌 대로 (다)에서 사용된 '완결성'이란 용어는 정확히 무엇의 완결성인지 명확히 제시하지 못했기 때문이다. 논지의 흐름상 음연쇄의 완결성으로 해석할 수 있겠는데, 그럴 경우도 음 연쇄의 완결성은 휴지에 의해 일차적으로 구분되며 그 단위는 억양구이다.

(라)는 구어 자료를 수집하고 정리하는 과정에서 실제로 적용된 정의 방법이다. 구어 말뭉치의 전사와 마크업 지침에 의하면 다음과 같은 부가적인 설명이 제시되어 있다.

(24) 구어 말뭉치 전사 및 마크업 지침(세종계획 21, 2002)

① 문어의 기본단위인 문장은 종결어미로 마무리되고 마침표라는 문장부호로 인해 명확하게 그 단위를 설정할 수 있지만, 구어는 종결어미를 사용하여 발화를 끝내는 경우가 많지 않고, 억양이나 휴지 등의 운율적 요소에 영향을 받기 때문에 기본 단위를 운율적인 단위 곧 억양단위로 본다.

② 억양단위는 하나의 통일된 억양 윤곽에서 나타난 발화의 연속 단위이다. 단위의 시작에서 기본적인 높이(pitch)로 시작하고, 쉼이 나타나며, 빠른 음절의 연쇄가 나타나는 특징이 있고, 단위의 끝에서는 음절이 길어지는 특징이 있다.

(27)의 ②에서 발화 구분의 기준으로 제시한 '억양단위'의 운율적

특성은, Jun(2000)에서 제시한 억양구 경계에서 드러나는 운율 특징과 크게 다르지 않다. 억양구 경계에는 보통 휴지가 오며, 장음화 현상이 동반되는 운율적 특징이 있다. 하나의 억양구 이상이 모여 '발화'를 이루기 때문에 발화의 마지막 경계는 곧 억양구 경계이기도 하다. 결국 '발화'의 경계는 곧 억양구 경계와 동일하므로 이 두 단위를 구분해 줄 운율 외적인 기준이 마련되어야 할 것이다.

(마)의 정의는 운율 내적인 접근에서 벗어나 언어 수행이라는 측면에서 시도된 것이다. 언어 수행은 문맥과 상황 속에서 이루어지므로, '발화' 또한 이것들을 고려해야 한다는 것이다. (마)는 담화적 접근에서 시도되어 발화 단위의 근본적 기능을 수용하였다는 점을 공으로 인정할 수 있겠으나 '발화'의 단위성을 구체적으로 언급하지 않았다는 점에서 합리적인 정의라고 보기는 어렵다.

(바)의 정의는 (라)와 크게 다르지 않으나 운율적 기준이 제시되었다는 점, '초점이 놓여진 정보의 표현'으로 구체적인 단위성을 명시하였다는 점에서 수용 가능하다. 즉 '억양단위'는 그 순간에 화자의 의식에서 활성화된 정보가 말로 나타난 것이어서, 언어의 생산 과정을 이해하는 데 중요한 역할을 하는 단위로 본 것이다. 결국 '억양단위'는 운율 단위이기도 하지만 언어 생산자인 화자에 의해 그 길이가 결정될 수 있음을 포착한 논의라고 할 수 있겠다. 하지만 이 정의 방법은, (라)에서 보여준 정의 방법의 단점을 극복한 것으로 일견 보이나 여전히 운율적인 기준이 Jun(2000)의 억양구의 개념과 구분되지 못한다는 문제점이 있다. 또한 모든 발화가 초점을 가지는 것은 아니므로, '초점이 놓여진 정보'를 기준으로 한 정의는 일정 한계를 안고 있다고 볼 수 있다.

6.3.2 운율 단위로서의 '발화'에 대한 정의 시도

언어 연구를 위해서나 언어의 특정 현상을 설명하기 위해서나 하나의 언어 단위를 설정하는 일은 보편적 설명성과 타당성을 함께 고려해야 하는 신중한 작업이다. 또한 다른 연구자들의 날카로운 비판을 감내해야 하는 조심스러운 작업이기도 하다. 그럼에도 불구하고 많은 연구자들이 이런 연구 부담을 감수하는 것은, 언어를 보다 객관적으로 분석하고 합리적으로 설명하고자 하는 학문적 욕구 때문일 것이다.

앞에서 우리는, 구어가 언어 연구의 주체적 대상으로 인식되면서 구어 자료를 분석하는 과정에서 분석의 최대 단위를 설정한 여러 논의들을 살펴보았고 거기에 따르는 문제점들을 짚어 보았다. 이러한 논의들은 다양한 접근 방법만큼이나 다르게 정의되었지만, 모두 언어 분석의 단위로서 '발화' 및 이와 유사한 단위를 설정할 필요성을 인정하는 데에는 일치하였다. 그리고 그 정의 가운데 대부분이 운율적 특징을 중요한 기준으로 포함하고 있다는 점도 염두에 두어야 할 점이다.

이 가운데 발화를 언어 수행의 행위이자 단위로 접근한 (마)의 정의를 받아들이면서, 단위성을 설명할 수 없는 '문맥'과 '상황성'을 포기하고 대신에 단위성을 구체화시킬 기준으로 '운율적 기준'과 언어 수행의 의미를 보다 구체화시켜 '화자의 발화 의지'라는 두 개념을 추가하기로 한다. 두 기준 가운데 전자가 보다 구체적으로 관찰되는 언어 내적 특성이므로 운율적 기준을 1차적 기준으로 삼고, 언어 외적 기준인 후자를 1차적 기준의 상호보완적 기준으로 채택하고자 한다. 그에 따라 다음과 같이 '발화'를 정의한다.

(25) 운율 최상위 단위로서의 '발화'에 대한 정의

> 발화(utterance unit)란 화자의 발화 의지가 운율적으로 완료된 의사소통의 자립 단위이다.

정의 방법에서 제시된 두 가지 개념 가운데 '운율적 완료성'을 판단할 기준으로 발화 억양의 전반적 하강화 현상(declination)을 제시하고자 한다. 발화에 관여하는 신체 기관은 그 생리적 한계로 인해 발화가 지속되는 과정에서 성문 하압이 점점 낮아지고, 성대의 긴장이 완화된다. 그것이 반영된 현상이 바로 운율을 이루는 음높이(pitch)의 하강화 현상이다. 또한 음높이의 하강화 현상은 일반적으로 음의 세기(loudness)의 하강화 현상도 동반하는 것으로 알려졌다. 음높이와 음의 세기는 성문 하압과 관련되어 있는 음향적 요소이다. 음높이의 하강화 현상은 대체로 발화가 계속적으로 유지되는 동안 나타나므로, 발화 행위 도중에 들숨이 필요한 긴 발화가 아니라면 '운율적 완료성'을 판별할 충분한 기준이 될 수 있다.

그러나 우리는 운율적 기준인 억양의 전반적인 하강화 현상만으로는 발화를 명확하게 정의하기 어렵다는 사실을 알고 있다. 억양의 전반적인 하강화 현상은 인간의 생리적 한계와 결부되어 있으며, 이는 곧 억양구라는 단위의 운율적 특징으로 나타나기 때문이다. 그러므로 '발화'를 하나의 단위로 설정하고 하강화 현상을 그 기준으로 채택하기 위해서는 운율적 요소 외에 발화 단위성을 보완할 언어 외적 요소를 같이 고려해야 할 필요가 있다.

발화 행위를 언어 수행적 측면에서 접근한다면 발화 행위의 주체는 화자이며, 발화 단위의 길이는 일차적으로 화자의 발화 의지에 의존한다고 본다. 따라서 '화자의 발화 의지'를 발화 단위 구분의 두 번째 판별 기준으로 삼고자 한다. 발화된 언어 형식이 무엇을 담고, 어떤 크기의 정보를 전달할 것인가는 일차적으로 화자의 전달 의지에 의해 결정되는 문제라고 볼 수 있다. 이런 점에서 앞의 논의 가운데 (26마)에서 언급되었던 '문맥'과 '상황성', (27바)의 '정보성'은 발화의 길이에 직접적으로 관여한다고는 보기 힘들며 '화자의 발화 의지'를 거쳐서 일정 길이의 단위를 이룬다고 보는 것이 합리적이다. 그리고 마지막 억양구의 경계 성조에 발화 내용에 대한 화자의 양태가 실리게 된다.

그러므로 화자가 청자에게 무엇인가를 전달하고자 하는 언어 행위를 발화라고 한다면, '무엇인가'보다는 전달하고자 하는 행위에 초점을 둘 필요가 있으며, 그럴 경우 그 행위의 길이는 곧 화자의 발화 의지의 길이로 나타난다고 보아야 한다. 기존 연구들에서 '발화' 단위 설정에 주로 요구되었던 발화 의미의 완료성도 '화자의 발화 의지' 또는 '발화 내용에 대한 화자의 양태 실현'으로 구체화시킨다면 의미 완료성이라는 형식적 추상성의 부담을 덜 수 있다는 장점을 더불어 얻을 수 있을 것이다.

7장 운율의 의미·정보 구조 해석

7.1 억양구의 크기와 정보의 크기

언어 보편적으로 억양은 발화의 정보 구조를 형성하는 단위로 기능한다고 알려져 있다. 언어와 의식, 시간의 관련성을 고민했던 체이프(Chafe, 1994)는 주로 담화를 연구 대상으로 하였기 때문에 운율 연구에 대한 성과는 소략하지만 운율 형성의 근본적인 장치가 무엇인가에 대해 많은 시사점을 던져주고 있다. 이 연구에서는 인간 심리가 근본적으로 시간상의 제약을 받기 때문에, 정보를 처리할 때 발화 전체가 아니라 발화를 이루는 특정 운율 단위로 화자의 의식 내용을 전달한다는 가설을 주장한다.

이와 같은 견해는 기능 문법(Functional Grammar)을 주창한 할리데이(Halliday, 1985 · 1994, Halliday and Matthiessen, 2004)에서도 유사하게 제기되었다. 체이프와 할리데이는 모두 언어의 이상적 형식화를 비판하고 자연 음성 자료를 바탕으로 언어를 이해하고 해명하려 했다는 점에서, 언어 연구 방법이나 연구 주제 면에서 유사한 부분이 많았다. 용어상의 차이는 있지만 체이프와 마찬가지로 할리데이도 특정 운율 단위가 하나의 정보를 표현하는 단위라고 생각하였다. 할리데이는 바로 성조 그룹(tone group)이 정보의 양과 단위를 실현시키는 기능을 한다고 보았으며, 이러한 정보 구조의 단위는 문장과 반드시 일치하지 않는다는 견해를 밝혔다. 체이프(Chafe, 1994)에서는 억양 단위(intonation unit)라는 용어를 사용하였고, 할리데이(Halliday, 1985)에서는 성조군(tone group)이라는 용어를 사용하였다는 점에서 용어상의 차이는 있지만 억양이 형성되는 단위는 곧 억양구로 이해되며, 이 억양구가 하나의 정보를 옮기는 단위로 이해된다.

체이프와 할리데이의 가설에 기대면, 운율 음운론자들이 통사 영역과 구별되는 음운부만의 독자적인 구조를 인정하게 된 근거였던, 음운부와 통사부의 불일치 현상은 불일치가 아니라 오히려 언어는 완전한 계층 구조로 전달되는 것이 아니라 의식의 묶음으로 전달되고 이해된다는 가설을 뒷받침할 하나의 증거가 되는 셈이다. 그리고 이러한 의식의 묶음은 필연적으로 언어 구조의 묶음으로 표명될 것이다.

한국어의 운율 형성 과정에서는 억양구에서 그러한 기능이 확인된다. 강세구가 단지 성조 연쇄 유형이 반복되어 리듬을 형성하고 간단한 형태·통사적 결합을 유도한다면, 억양구는 강세구의 연쇄를 바탕으로 통사 단위들을 보다 큰 규모로 묶어서 정보 구조를 형성하는 것으로 파악되기 때문이다.

의식의 묶음으로 정보가 전달되는 현상은 발화에서 잦은 억양의 쪼개기로 나타난다. 잦은 억양 생성으로 인해 통사 계층이 무너진 모습을 보인다. 문법부, 특히 통사부와 음운부의 불일치 현상은 발화 길이가 길어지면 확연하게 나타난다. 종속적으로 이어지는 다중문의 경우는 통사 구조에서 엄격하게 계층화되지만 운율 구조에서는 통사적 계층성을 유지하지 못하고 일정 단위로 나열되는 모습이 관찰된다.

억양 단위가 의식의 묶음으로 전달된다는 가설의 증거는 발화의 운율 구조와 통사 구조가 불일치를 일으키는 현상에서만 찾을 수 있는 것은 아니다. 각 절이 운율적으로 나열되는 과정에서 앞뒤 절의 의미적, 통사적 관계의 고려 없이 연결 어미를 과도하게 사용하거나 '그리고, 그래서, 그런데, 또' 등의 접속어가 개입되는 과정을 통해서도 확인 가능하다.

(1) 가. (수박은)$_{IP}$ (일단 쪼개고)$_{IP}$ (먹을 때)$_{IP}$ (씨도 계속 뱉어내야 되구)$_{IP}$ (그리구 막 입에 묻는 게 너무 싫어서요)$_{IP}$

나. 음 (전화했는데)$_{IP}$ (걔가 머 청구에서 갈아타라는 둥)$_{IP}$ (말을 하는데)$_{IP}$ (일딴 그 소리는 들리지 않구)$_{IP}$ (일딴 다시 탔어요)$_{IP}$

다. (그래서 안 입는 학교도 많이 생기고)$_{IP}$ (이래서 저희 동네도 안 입는 학교가 있어 가지구)$_{IP}$ (사장님이 손해 쫌 많이 보셨다구…)$_{IP}$

이때의 접속어는 선후행하는 절들을 의미적으로 또는 통사적으로 연결하는 문법적 역할보다는 나열된 운율 단위들을 하나로 결속시켜 주는 역할을 한다고 보는 것이 옳을 것이다. 빈번한 접속어 사용 외에도 '-고, -는데, -니까'와 같은 연결 어미가 빈번하게 사용된다는 점도 특징이다.

또한 하나의 발화 안에서 특정 단어나 동일한 의미형을 중복하는 경우를 통해서도 정보가 억양을 단위로 묶여져 전달되고 있음을 알 수 있다.

(2) 가. Q : 누가 더 고집이 세요?

A : (조금 고집이 센 게)$_{IP}$ (정화가 고집이 더 세요)$_{IP}$

나. 제 자신을 한 마디로 표현하자면 사람의 소중함을 아는 사람이라고 표현하고 싶습니다.

다. 어릴 적, 등산을 좋아하시는 아버지 덕분에 휴일이면 가족들과 자주 산에 오르던 때가 기억납니다.

(가)는 자유 발화에서, (나, 다)는 대학생의 글쓰기 자료에서 발견된 예인데, 전달하고자 하는 정보를 언어 형식으로 산출하는 과정에서 의식의 흐름이 별개의 단위로 나뉘어져 이루어졌음을 추측할 수 있다. 이때 중복된 요소들은 의식의 묶음(또는 정보의 묶음) 과정에서 별개의 단위들로 반복되어 이루어졌음을 알 수 있다. 발화 중간중간에 '음, 어, 머, 에' 등의 간투사가 자주 개입되어 나타난다는 점 또한 이 가설을 뒷받침할 예라 할 수 있을 것이다. 간투사는 발화 시작 부분이나 억양구 경계에서 주로 나타나는 것으로 보아, 간투사의 개입은 전달할 정보를 생성하기 위한 화자의 의식 형성 과정으로 이해된다.

발화에서 자주 나타나는 주술 관계의 불호응이나 술목 관계의 불호응도 정보가 나뉘어져 전달되는 현상을 증명할 수 있는 예라 하겠다. 이러한 주술 관계나 술목 관계의 불호응은 억양구를 달리할 때 나타난다.

(3) 가. (오늘 5교시는)$_{IP}$ (고전문학사 시험을 봅니다)$_{IP}$

나. (저희 집 가훈은)$_{IP}$ (수신제가치국평천하라는 말이 있습니다)$_{IP}$

(가)는 주술 관계의 단순한 불일치로 볼 수 있는 반면, (나)는 첫 억

양구와 두 번째 억양구에는 긴 휴지가 개입되어, 두 번째 억양구 시작 전에 정보 생성의 내용이 순간적으로 전환되었음을 짐작할 수 있다. 이러한 문장 성분 간의 불호응은 의식이 즉각적으로 실현되는 자유 발화 언어에서 더욱 뚜렷하지만 문자 언어에서도 공통적으로 나타나는 현상이다. 다만 문자 언어는 글을 쓰는 과정에서 의식의 정리가 어느 정도 이루어지기 때문에 낭독 발화만큼 잦지는 않다.

낭독 발화와 자유 발화의 운율을 비교했을 때 나타나는 여러 가지 운율적 차이 가운데 하나인 운율 단위 형성의 크기가 달라진다는 점 또한 그 증거로 제시할 수 있다. 억양구의 크기를 비교하면 자유 발화가 낭독 발화보다 비교적 작은데, 낭독 발화 역시 문자 언어를 근본으로 하기 때문에 자유 발화 언어에서와 같이 정보들이 작게 묶여지는 현상이 잘 나타나지 않는다. 이와 관련된 현상으로, 낭독체와 대화체 음성 자료를 비교 분석한 여러 연구들을 보면 낭독 발화보다 자유 발화에서 억양구가 많이 생성된다고 한다. 낭독체 음성 자료와 대화체 음성 자료를 비교 분석한 연구들이 그러한 차이를 발견하였다는 점에서는 의의가 있겠으나 그 원인을 밝히는 데까지는 연구가 나아가지 못했다는 점에서 아쉽다.

결국 그 차이는 체이프의 가설대로 의식의 활성화라는 측면과 연관해 생각하지 않을 수 없다. 낭독 발화는 화자의 의식 또는 정보가 활성화될 필요 없이 주어진 문장을 읽으면 되지만 자유 발화에서는 끊임없이 정보를 활성화하는 작업이 필요하며 그러한 작업은 즉시적이다. 의식과 발화가 동시적으로 진행되는 과정에서는 아무래도 정보의 분할 전달이 효율적일 것이며, 정보의 분할은 억양구로 생성되고 전달되는 것으로 이해하는 것이 합리적일 것이다.

7.2 발화 종결 경계 성조의 담화 기능

7.2.1 경계 성조소 'H'의 의사소통적 기능

화자는 발화를 통해 정보를 전달하기도 하지만 정보 외에도 화자의 의도나 청자의 반응 등을 요구하기도 한다. 이러한 화자의 의도 또는 발화의 정보 내용에 대한 화자의 태도를 양태라고 한다면 운율에서 양태의 표현은 발화 종결 경계 성조가 담당한다. 발화 종결 경계 성조의 양태적 기능으로 인해 발화 종결 경계 성조와 발화 내 비종결 경계 성조를 범주적으로 구별해야 하는 당위성이 설명된다.

한국어의 음성적 성조가 단순히 자연스러운 음높이의 연쇄라는 음성학적 측면이라면, 발화 종결 경계 성조는 이런 점에서 음운론적 기능을 담당하는 것으로 볼 수 있다. 그리고 발화 내 경계 성조는 그러한 구체적인 의미 기능을 담당하지 않지만 발화 내의 통사적 관계를 반영하거나 발화가 종료되지 않고 후행 요소가 있음을 알리는 기능을 담당하는 것으로 보아도 될 것이다.

이처럼 발화의 내용에 대한 화자의 양태 의미는 발화 종결 경계 성조로 청자에게 전달된다는 점에서 경계 성조의 종류마다 주로 담고 있는 의미나 화자의 감정 등을 설명하려는 연구들이 시도되다. 대표적인 연구로는 이호영(1999)과 Jun(2000)을 들 수 있다. 이 두 연구에서는 다양한 경계 성조를 대상으로 하여 그에 대한 의미를 찾으려고 하였으나, 가장 일반적인 방법으로는 억양의 끝을 올리면 의문의 발화로, 끝을 내리면 평서의 발화로 이해해 왔다.

그러한 설명들에도 불구하고 경계 성조는 발화 의미 이전에 근본적으로 의사소통의 기능과 연결하여 이해할 필요가 있다.

가령 일반적으로 억양의 상승 끝맺음(-H%)은 의문을, 하강 끝맺음

(-L%)은 진술을 의미하는 것으로 알려져 있다. 다음 예에서 상승 경계 성조의 그러한 기능을 확인할 수 있을 것이다.

(4) 가. 밥 먹었어?(H%)

나. 누가 왔어요??(H%, LH%, 누가; 부정사)

이 발화는 모두 경계 성조가 고조로 끝나고 있다. (가)는 일반적인 의문문이고, (나)는 부정사 의문문이다. 그러나 다음의 예문은 의문문의 형식을 취하고 있지만 단순히 의문문의 의미로만 보기가 어렵다.

(5) 가. 가방 좀 들어줄래?(H%, LH%)

나. 창문 좀 열어주지 않겠니?(H%, LH%)

(5)의 경우에는 의문문의 형태를 취하고 있지만 부탁 또는 요구의 양태적 의미를 담고 있다. 좀 더 부드러운 부탁일 경우 주로 'LH%'의 경계 성조가 실현되고, 'H%'의 경계 성조일 경우는 강압적 성격이 띈 부탁이거나 화가 났을 때의 경우에 주로 실현된다.

다음의 경우도 고조의 경계 성조로 끝났지만 의문문으로 보기 어려운 경우이다.

(6) 가. Q : 아버지가 편찮으시다면서요?

A : 우리 아버지가 일흔이거든(L%), 내년에(H%)

나. 말씀하신 대로 일을 처리했구요(HLH%)

다. Q : 밥 먹었어?

A : 밥 먹었는데요(H%)

(6가A, 나, 다A)들은 의문문도 아니고, 부탁이나 요청도 아니다. 그렇다고 청자에게 정보를 요구하는 것도 아니다. 다만 화자의 발화 내용에 대한 청자의 반응을 요구한다. (가)의 화자가 기대하는 청자의 반응은 '그래요?'나 '연세가 그렇게나 되셨어요?' 정도일 것이며, (나)의 화자가 기대하는 청자의 반응은 '잘했어' 또는 '벌써?', '응' 정도일 것이며, 청자의 반응 후에 다시 다른 정보를 전달할 의지를 갖고 있다고 볼 수 있다. (다)는 '밥 다 먹었는데, 왜요?'라는 의미로 해석되며, 화맥에 따라서는 '밥 다 먹었는데, 하실 말씀이라도 있어요?'의 의미로 파악될 수도 있다.

한편 고조로 끝나지 않았지만 의문의 기능을 하는 경계 성조가 있다.

(7) 가. 누가 왔어요?(HL%, 누가; 의문사)

나. 언제 돌아온 거야?(HL%, 언제; 의문사)

의문사 의문문으로 보통 'HL%'의 경계 성조가 실현된다. 의문사 의문문은 (7)의 발화들과 마찬가지로 화자에게 정보를 요구하지만 정보의 요구라는 기능을 의문사가 나누어 담당하기 때문에, 의문문의 전형적인 경계 성조 '-H%'로 실현되지 않고 운율적으로 둔화된 '-HL%'로 실현되는 것으로 이해된다. 그렇다고 청자의 반응을 요구하지 않는 것은 아니며, '-L%'로 끝났다고 하여 진술의 기능을 한다고 할 수는 없다.

그렇다면 (4~7)의 공통점은 무엇일까? 화자가 청자에게 구체적인 정보를 요구하든(4, 7), 청자에게 어떤 행동을 요구하든(5), 화자 발화에 대한 청자의 맞장구를 기대하든(6) 이들 모든 예들에서 공통되는 것은 화자가 청자에게 무엇인가를 기대하고 있다는 점이다. 그것은 구체적인 정보일 수도 있고, 행동의 반응이나 결과일 수도 있으며, 맞장구일 수도 있다.

(4~7)과 같이 청자 반응을 기대하는 발화 경계 성조의 공통점은 경계 성조 내부에 고조인 'H-, -H-, -H'가 포함되어 있다는 점이다. 우리가 그동안 일반적으로 '-L%' 경계 성조는 진술의 기능으로, '-H%' 경계 성조는 의문의 기능으로 설명한 방법 외에도, 의사소통의 기능을 고려한다면 경계 성조의 마지막 고조보다 경계 성조 내에 포함된 고조의 기능에 주목할 필요가 있을 것이다.

그러므로 청자 반응을 기대하는 화자의 발화에 실현된 경계 성조에는 공통적으로 고조가 포함되어 있는 것으로 미루어, 의사소통의 과정에서 보다 근본적인 기능은 경계 성조 내에 있는 'H-, -H-, -H' 경계 성조 요소가 담당하고 있는 것으로 보인다. 그리고 경계 성조의 마지막 성조형이 고조이든 저조이든 상관 없이 경계 성조 내부에 고조가 포함되어 있으면 청자의 반응을 기대하는 화자의 양태 기능을 담당하는 것으로 풀이된다.

7.2.2 낭독 발화와 자유 발화의 운율 생성 차이

낭독체 자료를 연구한 한선희 · 오미라(1999)와 한선희(2000)에서는 경계 성조를 문장 말과 문장 내로 구분하여 살펴 본 후, 낭독체 자료의 경우 문장말 위치에서 하강조만 전적으로 나타난다고 하였다. 사실상 낭독 서술체 자료에서 종결어미는 '다'밖에 없으며 이 경우 경계 성조는 모두 'L%'형으로만 나타난다는 것이다. 그리고 낭독체 발화에 비해 대화체 발화에서는 상승조의 비율이 낭독체보다 높아져 하강조와 상승조의 비율이 2:1로까지 나타난다고 하였다.

그러나 이것은 단순히 낭독체 자료와 대화체 자료라는 자료적인 차이가 아니다. 발화 말 경계 성조는 화자의 양태적 의미를 표현하는 기능을 담당하기 때문에 발생한 차이라고 보는 것이 옳을 것이다. 진술, 의문, 감탄, 놀람 등의 양태적 의미는 의사소통 상황에서 나타나는 화자의 자연스러운 의도이며 나아가 발화 의미를 형성한다. 그러나 낭독체 자료에는 대화체 자료에서 나타나는 이러한 다양한 양태적 의미를 담을 상황이 주어지지 않는다. 그것은 주어진 대본을 읽은 음성 자료이기 때문이다. 또한 낭독체 자료는 문장 마지막 요소가 종결어미 '-다'로만 구성되어 있기 때문에 형태소 '-다'가 저조의 경계 성조 'L%'만을 실현시킨다는 기술도 관찰된 범위 안에서는 가능한 설명이나 본질적인 고찰이라고 보기 어렵다. 다음의 예와 같이 대화 상황에서 종결어미 '-다'가 모두 저조로 실현되는 것이 아니라는 점을 생각하면 경계 성조 'L%'은 종결 어미 '-다'가 가진 고유한 경계 성조가 아닐 것이다.

(8) 가. A : 글쎄 지금 영수가 공부를 한다니까.
B : 영수가 공부를 한다?(H%) 해가 서쪽에서 뜨겠네!
나. A : 늦게 오길래 나 먼저 밥 먹고 있었어.
B : 먼저 밥을 먹는다?(H%) 같이 먹기로 했잖아.

따라서 낭독체 서술문의 경계 성조라고 본 저조 경계 성조는 종결어미 '-다'가 원인이 되었다고 보기는 어렵다. 이와 유사한 설명 방법으로, 종결 어미 '-요'에에서도 의문문과 서술문 모두에서 쓰이므로 상승조와 하강조가 모두 올 수 있다고 한 것 또한 관찰된 범위 안에서는 부합되는 설명이지만 근본적인 원인을 생각하면 형태소 이전에 발화의 양태 의미를 먼저 고찰해야 한다는 점이다.

그것은 문장 내 경계 성조의 실현 양상을 살펴본 결과에서 단적으로 드러난다. 한선희(2000)에서는 문장 중간말에 위치한 억양구 형태소의 경계 성조를 살펴보았는데, 이 위치의 형태소들은 문장말 종결어미에 비해 나타나는 형태소들의 종류가 매우 많은 반면에 경계 성조의 종류는 적었음을 설명하고 있다. 그리고 각각의 형태소들과 경계 성조의 유형 사이에 상관 관계를 포착하기가 어렵다는 점 또한 언급하고 있다. 결국 이러한 설명적인 시도는 형태소와 경계 성조의 상관성보다는 통사 구조 상의 선후행 구성 요소의 관계나 발화 의미를 고려해야만 한다는 것을 의미한다.

한편 낭독체 자료의 문장 중간 위치에서 경계 성조 하강조와 상승조의 비율이 7.3:1으로 나타나서, 낭독체에서는 상승조에 비해 하강조가 압도적으로 많이 실현된다는 논의가 있었다(한선희 · 오미라, 1999). 대화체 자료가 낭독체 자료에 비해 상승조의 경계 성조를 더 많이 지니는 것으로 보아 대화체 자료에서의 경계 성조가 보다 역동적이고 다양함을 알 수 있다고 하였다.

그러나 그만큼 자유 발화에서는 후행 요소와의 통사적, 정보적, 운율적인 연결을 계획하고 발화한다는 것을 의미한다. 낭독체 자료는 해당 화자가 주어진 대본을 읽은 음성이다. 따라서 후행 억양구와의 관계를 적극적으로 모색하지 않아도 된다. 그러나 자유 발화에서는 후행 억양구와의 통사적 관계를 밝힐 방안을 모색하여야 하고 그것은 운율적으로 실현될 수밖에 없다.

7.2.1절에서 발화 내 억양구 경계 성조가 주로 'H%'로 실현된다는 것은, 해당 억양구가 아직 완료되지 않았고 후행하는 요소가 더 있음을 청자에게 알리는 기능으로 이해했다. 결국 자유 발화 내에서 상승조 경계 성조가 자주 관찰된다는 양상은, 화자가 발화를 산출하는 과정에서 후행 억양구와의 연결을 운율적으로 모색하는 것으로 해석하는 것이 타당해 보인다.

또한 실현되는 경계 성조의 종류가 다양하다고 운율적으로 역동적이라고 할 수는 없다. 앞에서 잠깐 언급하였듯이 자유 발화에서는 화자가 다양한 양태 의미를 다양한 경계 성조로 나타내겠지만 낭독 발화에서는 화자의 양태 의미를 담을 수가 없기 때문에 나타나는 경계 성조는 한정될 수밖에 없기 때문이다. 관찰된 경계 성조 종류의 다양성을 운율적인 역동성으로 설명할 것이 아니라 화자의 양태적 의미를 운율에 나타낼 수 있는 발화 자료인가, 그렇지 못한 발화 자료인가로 판단할 문제이다. 그 경우 낭독 발화는 진술이라는 제한적 기능만을 나타낼 수밖에 없다.

더 나아가 낭독 발화와 대화 발화의 차이점이라고 지적해 온 그러한 것들이 사실은 자료의 종류에 따른 차이점이기 이전에 화자의 의미 생성 과정에서 비롯된 차이점이라는 것도 인식해야 한다. 결국 낭독체 자료에서는 전적으로 하강조의 경계 성조만 온다는 것은 실제로 관찰된 양상이지만 그것이 낭독체 자료와 대화체 자료를 구분할 수 있는 특징이라고 보는 견해는 수정되는 것이 옳다.

7.3 화제·논평 구조와 운율 구조

앞에서 억양구 및 불완전 억양구 형성이 통사 구조와 일정한 관련성을 지니고 있음을 논의하였지만 정보 구조에 따라서도 억양구나 불완전 억양구가 형성되기도 한다. 정보 구조를 화제와 논평으로 파악한다면, 화제와 논평의 구조는 운율 경계와 일정한 관련을 맺고 있다. 화제와 논평 구조로 파악되는 낭독 발화 자료의 운율 경계 형성의 양상을 살펴보자.

(9) 가. 자폐아 언어는∨ 다른 심한 언어장애와는 다르다.
|
ip(HL%)

나. 그의 모습은∨ 성당 어디에도 보이지가 않았다.
|
ip(HL%)

다. 또 이러한 증상은∨ 꽤 빠른 속도로 심해진다.
|
IP(HL%)

라. 그 노송 그림의 됨됨이는∨ 알 길이 없다.
|
ip(HL%)

마. 사랑 미답이는∨ 한여름에도 열리지 않았다.
|
IP(HLl%)

사. 과천 경제부처 공무원들의 심사는∨ 편치 못하다.
|
ip(HL%)

아. 내 말은∨ 내가 환경에 매우 예민하다는 말입니다.
|
ip(HL%)

자. 그러나 이쁜이는∨ 아까 돌쇠 뛰는 것의 절반도 못 올라간다.
|
IP(HL%)

* '∨'는 화제와 논평의 경계 표시임. 이하 같음.

(9)는 발화에서 하나의 억양구나 불완전 억양구 경계가 생긴 자료인데 운율 경계가 생긴 위치는 화제 다음 위치와 일치한다. 화제와 논평 구조로 파악하기 어려운 다음 자료를 통해서도 아래의 (11)과 같은 화제-논평 구조가 운율 구조와 관련되어 있음을 알 수 있다.

(10) 가. (며칠밖에 더 못 봐 주겠다는 입장이다)$_{IP}$

나. (이런 사람들이 모여 있던 2조였다)$_{IP}$

다. (이쪽으로 더듬듯이 걸어오고 있는 게 보였다)$_{IP}$

(10)의 발화는 화제와 논평 구조로 볼 수 없으며, 억양구를 생성할 만큼 발화 길이가 길지 않다는 점이 지적될 수 있겠다. 그러나 발화 길이가 비슷하며 발화가 화제와 논평 구조로 이루어진 다음 자료를 보면 화제 다음에 억양구 경계가 생성되는 것이 확인된다.

(11) 가. 우리는∨ 삼천사백만원에 목숨 걸어요.
|
ip(HL%)

나. 나는∨ 꺼윽꺼윽 쉰 목소리를 냈다.
|
IP(HL%)

다. 이것은∨ 수익과도 연결된다는 겁니다.
|
ip(HL%)

라. 사람들은∨ 모두 외투를 갖고 있다.
|
ip(HL%)

마. 난들∨ 별 뾰족한 수가 있겠어?
|
ip(HL%)

억양구가 두 개 이상 생성된 자료에서 화제와 논평이 어떻게 운율적으로 구분되는지를 다음 자료를 통해 살펴보자.

(12) 가. 제정 러시아는∨ 드디어 우리의 함경북도 지방과 두만강을

IP(HL%) ip(HL%) IP(HL%)

경계로 접하게 되었다.

나. 남편은∨ 속셔츠를 입고 나서 잠깐 동작을 멈추는가

ip(HL%) ip(HL%)

했더니 그만 웃고 말았다.

IP(L%)

다. 경기 화성군 송산면 고정초등학교 우음분교는∨

ip(HL%) ip(HL%) IP(L%)

도내에서 가장 작은 학교다.

라. 노선을 봐뒀는데 돈암동 쪽은∨ 충무로 역에서 바꿔타면

IP(L%) IP(HL%)

되겠습니다.

마. 이십사대 진흥왕은∨ 말년에 법운이란 법명을 받고 아예

IP(HL%) ip(HL%) IP(L%)

이절에 ……

바. 앵무새는∨ 사람의 말을 흉내질하는 혀 탓으로 속에

IP(HL%) ip(H%) ip(HL%)

갇혀 산다.

억양 단위 경계마다의 위계를 일반화하기는 어렵지만 화제와 논평 사이에 대체로 상위 위계의 경계 성조가 생성되는 것을 관찰할 수 있었다. 발화 자료가 절의 복합 구성일 경우 화제와 논평보다 절 경계에서 상위의 억양 경계가 생성되는 모습도 (나, 라, 마)에서 관찰되었다. 화제-논평 구조에서의 억양구 생성 과정은 자유 발화 자료에서도

나타난다.

(13) 가. Q : 취미는 있어?

A : 취미는∨ 만화책 보는 거요
|
IP(L%)

나. Q : 주로 어떤 만화책을 봐?

A : 만화책은∨ 종류 안 가리고 다 보는데요
|
ip(HL%)

다. Q : 별명은?

A : 저는∨ 한지혜라는 별명이 있어요.
|
ip(HL%)

결국 화제와 논평이라는 정보 구조는 억양구 및 불완전 억양구 생성의 중요한 원인이라고 할 수 있으며, 화제와 논평의 경계 위치에 억양구 및 불완전 억양구 경계가 놓이는 것이 운율 구조 형성의 일반적 방법이다. 또한 화제와 논평의 경계 위치에서 실현된 경계 성조는 'HL%'형이 일반적으로 실현된다.

7.4 정보 초점의 운율 표지

한국어학의 하위 연구 분야에 따라 초점의 개념이 조금씩 다른데, 여기에서 말하는 초점은 정보초점으로 화자만 알고 있다가 청자가 새롭게 수용하게 되는 정보를 지칭한다. 담화에서 주로 운율적 돋들림을 받아 액센트(accent)가 실현되는 음이 있다면 그것을 포함하는 언어 단위(linguistic unit)가 초점의 영역이 된다. 이 절에서는 새정보를 요구하는 의문사 의문문과 그렇지 않은 부정사 의문문의 운율 비교를 통해 정보 초점의 운율적 실현 양상을 살펴보기로 한다.

7.4.1 의문사·부정사의 운율 실현

한국어에서 의문사 의문문(wh-question)과 부정사 의문문(indefinite question)은 통사적으로 같은 구조를 가지지만 의미적으로 중의 관계에 있다. 그것은 한국어에서 의문사와 부정사가 어휘적인 중의 관계에 있기 때문이다. 그러나 두 의문문은 문장으로 발화될 때 음성적으로 서로 다른 여러 가지 운율 특징의 차이를 보여줌으로써, 발화 차원에서는 더 이상 중의 관계를 유지하지 않는다.

기존 논의들에서는 부정사 의문문의 부정사가 초점(focus)을 받지 못하는 것에 비해 의문사 의문문의 경우는 의문사가 초점을 받아 운율적인 돋들림(prosodic prominence)으로 실현됨을 지적하였다.

의문사 의문문에서는 의문사가 초점을 받은 단위(linguistic unit)이다. 의문사가 초점을 받을 수 있는 것은 의문사가 청자에게 의문사에 대응하는 신정보(new information)를 요구하기 때문이다. 이와 반대로 부정사는 신정보를 요구하지 않으므로 초점을 받지 못한다. 부정사 의문문은 일반적인 가부 의문문(yes/no question)과 같이 청자의 가부를 묻는 의문문이기 때문이다.

이러한 두 의문문의 차이를 통해서 의문사 의문문에서 의문사에 초점이 실현되는 운율적인 특징을 살피고, 초점이 실현된 의문사 의문문의 문장 차원의 억양(sentence intonation) 특징도 함께 살펴보기로 한다. 의문사 의문문의 초점 실현과 억양 연구는 초점이 실현되지 않는 부정사 의문문과의 대조를 통해서 이루어진다.

의문사 의문문의 초점 실현을 논의한 기존의 연구에서는 다만, 초점이 얹히지 못한 부정사보다 초점이 실린 의문사가 운율적으로 더욱 돋들린다고 하였을 뿐, 그러한 운율적 돋들림이 어떠한 방법으로 실현되는지 구체적으로 언급하지 않았는데, 여기에서는 초점이 실현되는 운율 특징의 구체적인 모습을 살펴보기로 한다.

7.4.1.1 부정사의 성조 실현

부정사에 실현된 성조는 저고조(LH)의 유형이 일반적이었으며, 음높이 곡선의 유형은 세 가지로 관찰된다.

(14) 부정사 의문문 : 언제 옆집 아주머니 만났니?

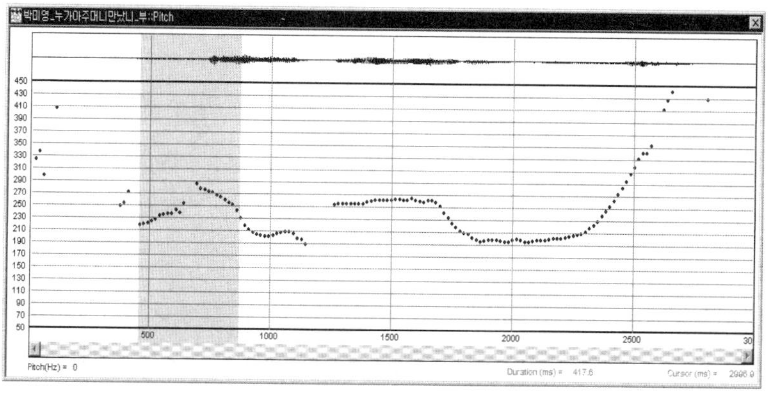

그림 7-1 저고조(LH)로 실현된 부정사 '언제'의 음높이 곡선

그림 7-1의 짙은 부분은 초점이 실현되지 않은 부정사의 음높이 곡선(pitch contour)이다. 부정사의 첫 음절인 '언'에 저조(L)가, 둘째 음절인 '제'에 고조(H)가 할당되었다. 음높이 곡선에 나타나는 특징으로는 첫 음절의 음높이가 완만한 경사를 그리며 상승하다가 둘째

음절에서 고조(H)로 실현되었다. 대부분의 부정사 의문문에서 이러한 운율 특징이 관찰된다.

다음 자료에서는 부정사의 성조형이 저고조(LH)로 실현되어 그림 7-1과 같은 성조 유형을 보이지만 음높이 곡선의 모양에서 차이가 있다. 그림 7-1의 첫 음절 '누'가 올라가는 저조(L)였다면, 그림 7-2의 첫 음절 '누'는 수평으로 저조(L)가 실현되고 있음을 알 수 있다.

(15) 부정사 의문문 : 누가 옆집 미라 만났니?

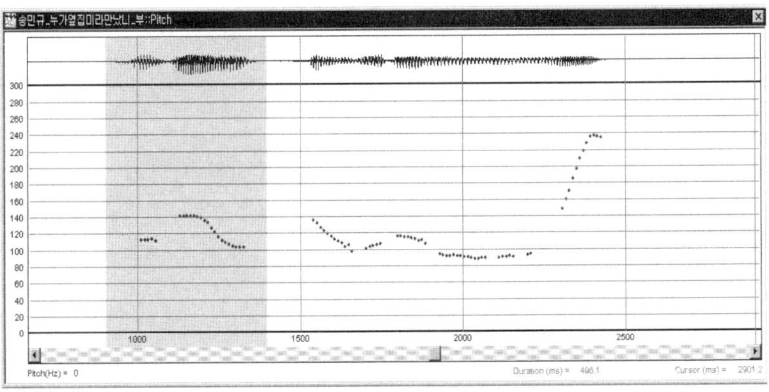

그림 7-2 저고조(LH)로 실현된 부정사 '누가'의 음높이 곡선

이와 반면에 일부 남성 화자에게서 관찰된 다음의 그림 7-3에서는 부정사 '누가'는 첫 음절 '누'와 둘째 음절 '가'가 모두 저저조(LL)로 실현되었다. 음높이 곡선만 보면 둘째 음절의 성조를 고조(H)로 판단할 수 있겠으나 실험자의 청취 판단과 발화 내의 다른 고조(H)와의 비교를 통해, 두 음의 성조를 각각 저조(L)와 고조(H)로 달리 볼 수 없다는 판단에 따라서 두 음절을 모두 저조(L)로 할당하였다.

(16) 부정사 의문문 : 누가 개 만났니?

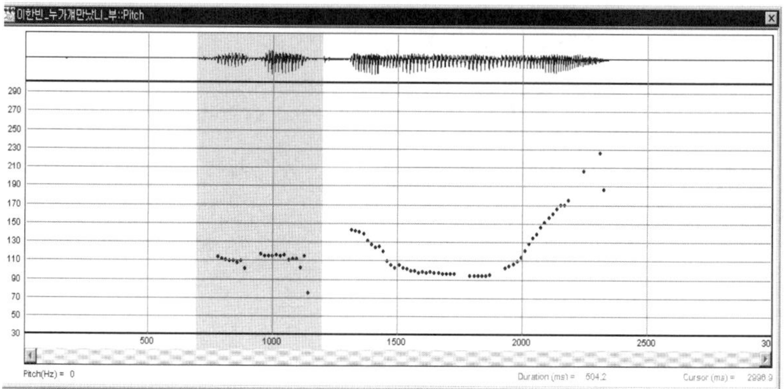

그림 7-3 저저조(LL)로 실현된 부정사 '누가'의 음높이 곡선

이는 부정사가 초점을 받지 않았기 때문에 가능한 것으로 해석된다. 뒤에서 살펴보겠지만 초점을 받은 의문사에서는 이와 반대의 현상이 관찰되기 때문이다.

7.4.1.2 의문사의 성조 실현

부정사의 성조가 주로 세 가지 양상으로 실현되었는데 의문사의 경우도 주로 세 가지 양상을 보여 주었다. 성조 유형은 유사하나 성조 실현 방법에서 상당한 차이가 있다. 의문사 실현 방법으로 가장 많이 나타나는 양상은 그림 7-4와 같은 유형이다.

(17) 의문사 의문문 : 언제 옆집 아주머니 만났니?

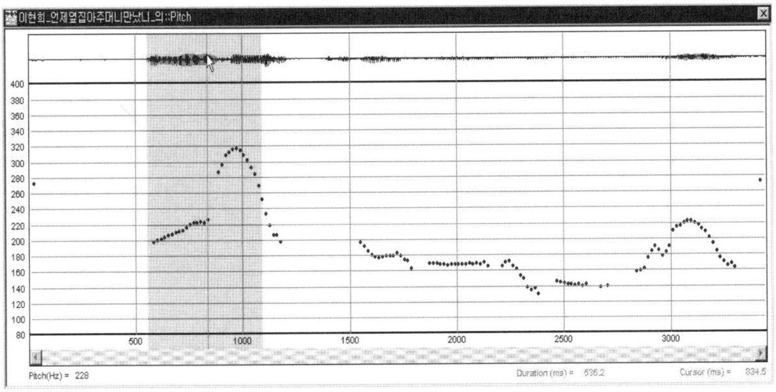

그림 7-4 저고조(LH)로 실현된 의문사 '언제'의 음높이 곡선

그림 7-4의 의문사는 부정사의 일반적인 음높이 곡선인 그림 7-1과 같은 운율 양상을 보이고 있다. 그러나 그림 7-4의 운율 곡선이 부정사의 그림 7-1과 다른 점은 저조(L)의 기본주파수와 고조(H)의 기본주파수 차이에 있다. 여성 화자의 경우, 부정사의 기본주파수 차이가 30~70Hz라면 의문사의 경우는 70~100Hz 이상의 차이를 보이고 있다. 이는 의문사와 부정사가 같은 성조 및 운율 양상을 보이더라도, 의문사의 둘째 음절이 첫 음절과 음높이를 크게 차이 둠으로써 부정사보다 운율적으로 돋들리는 효과를 얻고 있기 때문이다. 이는 의문사에서 초점이 실현되었기 때문에 가능한 것으로 보인다.

부정사의 그림 7-2에서 관찰된 같은 유형의 운율 양상이 의문사의 아래 자료에서도 관찰된다.

(18) 의문사 의문문 : 누가 아주머니 만났니?

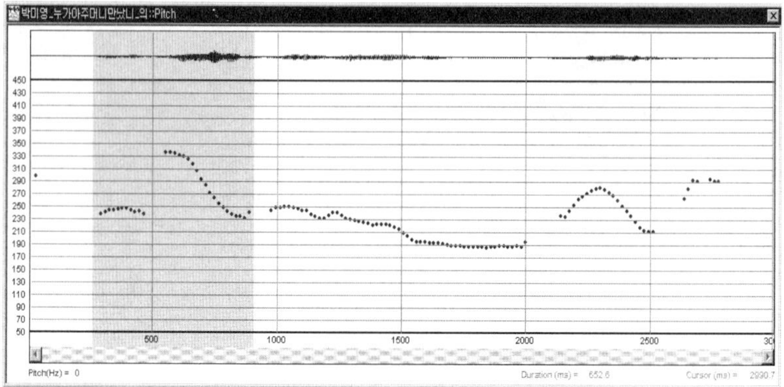

그림 7-5 저고조(LH)로 실현된 의문사 '누가'의 음높이 곡선

의문사 '누가'는 저조(L)를 받은 첫째 음절의 기본주파수를 수평으로 유지하다가 두 번째 음절에서 갑자기 높혀 고조(H)로 실현시킨다. 그림 7-5의 의문사 '누가'가 저고조(LH)로 성조를 실현시켰다는 점, 첫 음절의 음높이가 수평으로 실현되었다는 점에서, 그림 7-5를 부정사의 성조 양상인 그림 7-2와 동일한 유형으로 판단할 수 있다. 그러나 그림 7-5가 첫 음절을 수평으로 실현시키다 둘째 음절에서 고조(H)로 실현시켰다는 점에서 그림 7-2의 운율 특징과 동일하지만, 첫 음절과 둘째 음절의 음높이 차이에서 현저하게 다른 모습을 보여주고 있다.

이러한 운율 실현 방법도 앞에서와 같이 둘째 음절을 더욱 돋들리게 함으로써 의문사 전체를 돋들리게 하는 초점 실현 방법으로 보인다. 이러한 운율 실현 방법은 의문사의 첫 번째 운율 실현 방법과 다른 모습을 보이기는 하나 의문사의 저조와 고조 간의 음높이 차이에서 일치하는 면을 보이고 있다. 즉 의문사의 첫 번째 운율 실현 방법과 두번째 운율 실현 방법에 다소의 차이가 있기는 하지만, 둘째 음절을 돋들리게 하여 의문사 전체를 돋들리게 한다는 점에서는 같은 효과를 내었다고 할 수 있다.

위의 두 가지 운율 실현 방법이 첫 음절과 둘째 음절의 음높이 차이를 크게 하여 의문사를 돋들리게 하는 방법이라면 아래 자료는 이와 다른 방법으로 의문사를 돋들리게 한다.

(19) 의문사 의문문 : 언제 옆집 아주머니 만났니?

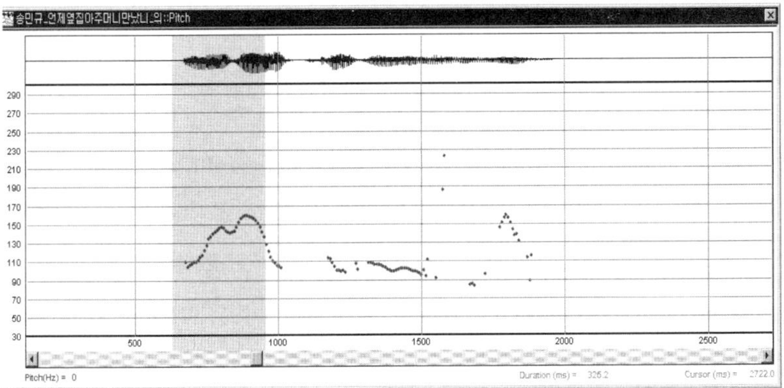

그림 7-6 높은 저조(L)로 실현된 의문사 '언제'의 음높이 곡선

의문사 '언제'는 초점을 받았지만 운율 곡선에서는 그림 7-5와 대조되는 다른 모습을 보여주고 있다. 그림 7-5에서는 의문사 첫 음절의 성조를 수평으로 실현시켰다면, 이 발화에서는 저조(L)를 받은 첫째 음절의 음높이가 둘째 음절의 정점(peak)으로 상승하면서 둘째 음절이 발화되기 전에 둘째 음절에서 실현되는 고조(H)의 음높이 만큼 높게 실현되고 있다. 즉 앞에서 보여주었던 의문사의 두 가지 운율 실현 방법인 그림 7-4와 7-5가 초점을 받은 의문사의 첫 음절과 둘째 음절의 주파수 차이를 크게 하여 둘째 음절을 돋들리게 함으로써 의문사를 운율적으로 돋들리게 하는 방법이라면, 세번째 운율 실현

방법인 그림 7-6은 첫 음절의 저조(L)를 높이 실현시켜 의문사 전체를 돋들리게 하는 방법이다.

7.4.2 의문사 뒤 강세구 해지 현상에 대한 논의

발화 단위로써의 한 문장은, 그 문장에 드러나는 여러 가지 억양 요소들에 의해 화자가 의도하는 정확한 의미를 전달하게 된다. 피에르홈버트와 허쉬버그(Pierrehumbert & Hirschberg, 1990)에 따르면 발화 해석에 영향을 미치는 억양 요소는 음높이 액센트(pitch accent), 구 액센트(phrase accent), 경계 성조(boundary tone) 등이 있다. 이러한 억양 요소들은 복합적으로 음운론적 영역(phonological domain)과 연관성을 가지게 된다. 피에르홈버트와 허쉬버그(1990)의 논의는, 강세 중심의 언어인 영어를 연구 대상으로 하였기 때문에 음절박자 중심의 언어인 한국어의 억양 설명에 그대로 적용하기 어려운 점이 있다. 그러나 여러 가지 억양 요소들이 복합적으로 의미를 전달한다는 논지는 한국어의 발화 의미 해석을 논의할 때 여러 면에서 효율적인 설명력을 제공할 수 있다. 이 절에서는 초점이 실린 의문사의 운율적 돋들림과 상호 작용을 하는 억양 요소 가운데 강세구를 형성하는 양상과 문장에서 의문사를 제외한 나머지 부분의 억양 특징에 대해 설명하고자 한다.

강세구 형성 유형을 밝힌 기존의 논의에서는 한국어의 의문사 의문문은 의문사가 정보 초점을 받으면, 이어지는 어절과 하나의 강세구로 발화하는 강세구 해지(dephrasing) 현상을 보인다고 하였다.

(20) 가. 옆집 아주머니 / **언제** 만났니?

나. 옆집 / 아주머니 / **언제** 만났니?

그러나 의문사 의문문의 발화인 그림 7-4, 그림 7-5, 그림 7-6과 같이 초점을 받은 의문사와 이에 이어지는 어절이 (21)과 같이 각각의 강세구로 실현되고 있어 선행 연구에서 언급한 강세구 형성 방법인 (20)과 다르다.

(21) 가. **언제** / 옆집 / 아주머니 / 만났니?
나. **누가** / 아주머니 / 만났니?
다. **언제** / 옆집 아주머니 / 만났니?

기존 논의를 따르자면 (21)에서는 초점을 받은 의문사 '언제'와 '누가'는 그 뒤에 후행하는 요소들과 하나의 강세구를 형성해야 하는데 그러한 강세구 해지는 일어나지 않았다. 오히려 (다)에서와 같이 초점을 받은 의문사 '언제'에 후행하는 '옆집'이 이에 후행하는 '아주머니'와 하나의 강세구를 형성하는 경우가 있다. 동일한 통사 구조인 (21가)과 (21다)의 경우를 보더라도 이러한 강세구 형성은 초점을 받은 의문사와 무관한 듯이 보인다. 두 발화 모두에서 의문사 '언제'는 초점을 받았으나 의문사에 후행하는 어절들 '옆집 아주머니'의 강세구 형성 방법에서 차이를 보이기 때문이다.

이에 비해 의문사 의문문에서 서술어와 서술어에 선행하는 언어 단위 사이에서는 강세구 해지가 일어나 하나의 강세구를 형성하는 예가 자주 관찰된다. 초점을 받은 의문사가 후행하는 단어와의 사이에서 강세구 해지 현상을 야기한다는 선행 연구들은 의문사에 후행하는 단어가 서술어인 '의문사+서술어' 구성의 통사 구조라는 제한된 환경에서 실험을 하였기 때문인 것으로 해석된다.

따라서 의문사 의문문의 경우에서 의문사와 후행하는 언어 단위 사이에서 강세구를 해지한다는 견해는 초점을 받은 의문사에 후행하는 언어 단위가 서술어일 때만 적용된다고 볼 수 있다. 강세구 해지와 관련된 논의는 앞으로 다양한 실험 환경을 통해 보다 정확히 밝혀져야 할 것이다.

7.4.3 두 의문문의 억양 특징

의문사 의문문은 문장 전체 억양 실현에서도 부정사 의문문과 다른 양상을 보여 주고 있다.

(22) 누가 우리 옆집 아주머니 만났니?

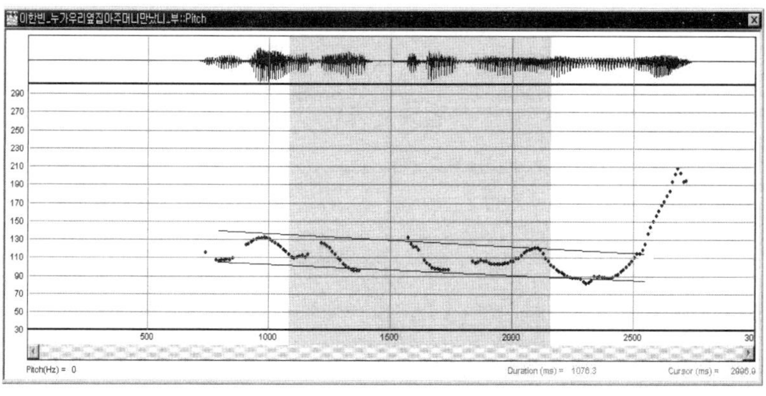

그림 7-7 부정사 의문문의 전체 억양 곡선

그림 7-7은 부정사 의문문인데, 부정사가 상대적으로 높은 음높이를 갖지 않았으며, 문장 전체의 억양이 전반적으로 음높이가 뚜렷한 굴곡이 있는 곡선으로 실현되었다. 반면에, 의문사 의문문인 그림 7-8에서는 문장의 전체 억양 곡선이 의문사를 제외하고는 강세구나 단어 간에 상대적인 돋들림이 두드러지지 않는 평탄한 하강 곡선으로 나타난다.

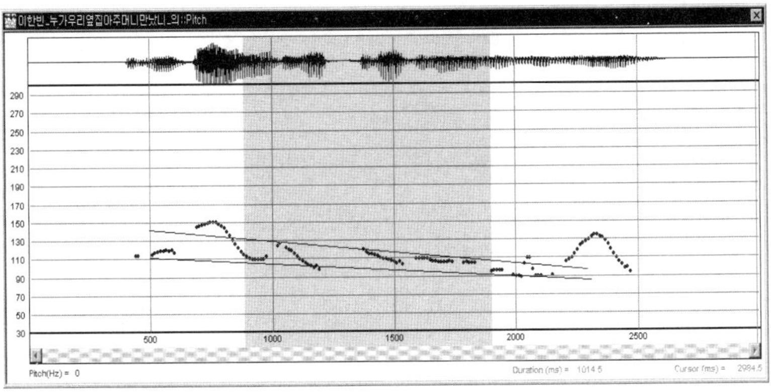

그림 7-8 의문사 의문문의 전체 억양 곡선

이러한 특징은 음높이 범위(pitch range)를 보아서도 알 수 있다. 그림에서 실선은 문장 억양의 음높이 영역을 표시한 것이다.[1] 이것은 의문문의 전체 억양의 음높이 범위를 설정한 후, 의문사 및 부정사의 정점 값이 음높이 범위 내에 포함되는가 그렇지 않는가를 알아보기 위한 것이다.

그림 7-7에서 보이는 것과 같이 부정사의 음높이 최대값과 최소값이 전체 억양의 음높이 범위 내에서 실현되었다. 그러나 의문사의 경우는 그림 7-8과 같이 음높이 최소값은 전체 억양의 음높이 범위 내에서 실현되었지만 최대값은 이를 벗어나 실현되었다. 이러한 사실은 의문사의 초점 실현이 문장 전체 억양과의 관계에서도 파악될 수 있음을 보여준다. 즉 우리는 앞장에서 의문사의 초점 실현은 의문사 자체의 운율 관찰만으로도 초점이 실현되었음을 알 수 있었는데, 의문문 전체 억양과의 관계에서도 파악될 수 있다는 사실을 확인하였다.

1) 음높이 범위는 첫 음절 '누'와, 발화 끝에서 두 번째 음절인 '났'에서 측정하였다. 발화 마지막 음절 '니'는 경계 성조가 실리기 때문에 음높이 범위를 측정하는 위치로는 부적합하다. 음높이 범위를 나타내는 실선은 전체 억양에서 의문사와 부정사를 제외한 나머지 강세구간의 정점(peak)과 정점, 바닥(bottom 또는 valley)과 바닥을 연결한 것이다.

이 외에 음높이 범위의 양상에서도 부정사 의문문과 의문사 의문문은 차이를 보인다. 부정사 의문문에서는 발화 초에 그 폭이 약 35Hz이며 발화 마지막에서는 약 30Hz로, 그 폭이 완만하게 좁아짐을 알 수 있다. 그러나 의문사 의문문에서는 발화 초에 약 30Hz의 폭으로 시작해서 발화 마지막에서는 약 15Hz로, 부정사 의문문보다 급격하게 좁아지는 특징을 보인다.

이와 같은 특징들은, 의문사 '누가'가 초점을 받으면서 운율적으로 돋들리게 되는데 그 과정에서 후행하는 언어 단위들의 억양도 그 초점의 효과를 돕고 있는 것으로 파악할 수 있다. 즉 후행하는 언어 단위들의 억양들이 뚜렷한 굴곡을 보이지 않고 평탄하게 실현됨으로써 초점을 받은 의문사 '누가'를 더욱 돋들리게 하는 기제로 해석된다.

참고문헌

강옥미(2003) 「한국어 음운론」 태학사.

강희숙(1992) "음장에 관한 사회언어학적 연구." 「한국언어문학」 30. 한국언어문학회. 1~22면.

고광모(1991) "국어의 보상적 장음화 연구." 서울대 박사학위 논문.

곽동기(1992) "운율 단위에 의한 국어 음운 현상의 분석." 서울대학교 박사학위 논문.

곽동기(1996) "강계층가설의 재해석." 「제1회 서울 국제음성학술대회 논문집」 대한음성학회. 493~501면.

곽동기(1997) "억양구절과 하위 운율단위에 대하여." 대한음성학회 제3회 음성학 학술대회.

곽동기(1999) "음운론적 단어와 음절화." 「언어학」 24. 한국언어학회. 4~23면.

권재일 외(1997) "통사 구조와 운율 구조의 상관성 연구; 중의성 해소 양상을 중심으로." 「언어학」 20. 한국언어학회.

김경란(1997) 「음운론; SPE 이후의 이론들」 한신문화사.

김경화(1999) "문법 구조와 리듬 단위 형성에 관한 실험음성학적 연구; 뉴스 문장의 명사구의 '말토막' 형성 관계에 대하여." 「언어학」 25. 한국언어학회. 29~53면.

김기호 · 김화영 · 김민정(1999). "담화상에 나타나는 목적격표지 {-를}의 음향적 특성." 「음성과학」 6-1. 한국음성과학회. 55~82면.

김미란(2000) "한국어 의문문 억양에 나타난 초점과 문미 억양의 관계." 고려대학교 석사학위 논문.

김미란(2001) "한국어 대등적 연결 어미 '-고'의 함축 의미와 운율." 「음성과학」 8-4. 한국음성과학회. 289~305면.

김미란 외(2000가) "화제와 초점의 의미론." 「언어연구」 4. 한국현대언어학회.

김미란 외(2000나) "초점과 관련된 의문문 억양 패턴 실험." 「음성과학」 7-4. 한국음성과학회. 203~217면.

김상태(2006) "음운적 단어 설정에 대한 연구: 띄어쓰기 오류 분석을 통하여.” 「한국어학」 32. 한국어학회.

김선철(1996가) “국어 억양의 음성학 · 음운론적 연구.” 서울대 박사학위 논문.

김선철(1996나) “서울말 의문문에 나타나는 문미 상승억양의 기울기값과 음운표시.” 「제1회 서울 국제음성학술대회 발표집」 대한음성학회, 548～553.

김선철(1996다) “국어 의문문 억양의 음성학, 음운론적 연구.” 「언어연구」 13. 서울대 언어연구회, 1～52면.

김선철(1998) “서울말 억양의 음운론적 기술을 위한 시고.” 「한글」 239. 한글학회. 53～73면.

김선철(2005) 「국어 억양의 음운론」 경진문화사.

김선철 외(2004) “서울말 장단의 연령별 변이.” 「말소리」 50. 대한음성학회. 1～22면.

김선희(1993) “비운율단위로서의 음절.”

김선희(2000) “의미의 강조에 의한 운율적 특징: 음향음성학적 관점에 의한 분석.” 「말소리」 40. 대한음성학회. 51～63면.

김성규(1999) “잠재적 휴지의 실현.” 「선청어문」 27. 서울대 국어교육과. 831～859면.

김성렬(1991) “국어 음장의 통시론적 고찰.” 「국어학회」 21. 국어학회. 235～273면.

김수형(2001) 「현대 국어의 음장」 도서출판 역락.

김정우(2004) “합성어 내부 경계의 음운론적 의의: 가휴지와 잠재 휴지.” 「배달말」 35. 배달말학회. 343～367면.

김종규(2006) “음운 현상의 수의성과 음장.” 「어문학」 92. 한국어문학회. 19～48면.

김창섭(2001) “‘하다’ 형용사에서의 표현적 장음.” 「국어학의 새로운 인식과 전개」 민음사.

김태경 외(2005) “구어 주석 코퍼스 구축을 위한 발화 단위 연구.” 「한국언어문화」 28. 한국언어문화학회. 5～25면.

남광우(1962) “장단음고.” 「국어학논문집」 일조각. 255～276면.

박경래(1993) “충주방언의 음운에 대한 사회언어학적 연구.” 서울대 박사학위 논문.

박미영(2002) "발화 속도에 따른 국어 음운의 변화 연구: 운율구 형성과 관련하여." 고려대학교 석사학위 논문.

박미영 · 안병섭(2003) "한국어 의문사 의문문의 초점 실현에 대한 운율 특징 연구."「음성 언어 자료와 국어 연구」고려대 민족문화연구원, 215~243면.

박종덕(2001) "국어의 보상적 장음화에 대한 생성음운론적 해석의 타당성 고찰."「한말연구」8. 한말연구학회. 53~74면.

박주경(1985) "현대 한국어의 장단음에 관한 연구."「말소리」11-14 합본호. 대한음성학회. 121~131면.

박주현(1985) "영어의 리듬과 운율 이론." 서울대 박사학위 논문.

박철우(2003)「한국어 정보구조에서의 화제와 초점」도서출판 역락.

배재연 · 신지영 · 고도홍(1994) "음성 환경에 따른 한국어 폐쇄음의 음향적 특성: 시간적 특성을 중심으로."「음성과학」5-2. 한국음성과학회. 139~159면.

성철재(1994) "한국어 리듬의 실험음성학적 연구: 시간 구조와 관련하여." 서울대 박사학위 논문.

성철재(1996가) "운율구 단위와 문장구조의 상관관계에 대한 실험음성학적 연구."「언어학」18. 한국언어학회. 154~188면.

성철재(1996나) "한국어 낭독체 문장의 음향분석: 바람과 햇님의 운율구 생성을 중심으로."「제2회 음성학 학술대회 발표집」대한음성학회, 157~172면.

성철재(1996다) "한국어 운율구조의 실험음성학적 연구: 지속시간과 관련하여."「국어학」27, 국어학회, 179~201면.

성철재 · 송윤경(1997) "주어자리조사의 운율 패턴에 관한 실험음성학적 연구."「말소리」대한음성학회.

세종계획(2001, 2002) "21세기 세종계획 발음 전사 지침서." 국립국어연구원.

송민규 · 이영배(2003) "한국어 강세구 첫 음절의 운율에 대한 연구."「음성 언어 자료와 국어 연구」고려대 민족문화연구원. 245~264.

송윤경(1998) "한국어 조사의 운율패턴에 관한 실험음성학적 연구 1; 주격조사와 목적격 조사를 중심으로."「언어연구」17. 서울대 언어연구회. 27~40면.

송윤경(2000) “한국어 연결어미 ‘-고’의 운율적 특징에 대한 실험음성학적 연구; 낭독체 문장을 중심으로.” 「제17회 음성통신 및 신호처리 학술대회 발표집」 한국음향학회. 131~134면.

시정곤(1993) “‘음운적 단어’의 설정을 위한 시고.” 「우리어문연구」 6・7, 우리어문학회, 121~138면.

시정곤(1994) 「국어의 단어형성 원리」 국학자료원.

신성철(2001) “표현적 장음의 기능.” 「국어 연구의 이론과 실제」 태학사. 1245~1261면.

신승용(1997) “하향이중모음의 단모음화와 움라우트와의 상관성.” 「서강어문」 13. 서강대. 27~56면.

신지영(1999) “한국어의 운율 단위와 경음화 현성.” 「한국어학」 한국어학회.

신지영(2002) “음성 자료에 기초한 국어 음운론 연구의 과제와 전망.” 「한국어학」 17. 한국어학회, 71~90면.

신지영(2003) “음성 자료와 국어 연구.” 「음성 언어 자료와 국어 연구」 고려대 민족문화연구원, 7~27면.

신지영・김민정・김기호(2000) “한국어 강세구의 음성적 실현 양상과 재음절화.” 「언어」 25-3. 한국언어학회. 383~403면.

신지영・차재은(2003) 「우리말 소리의 체계」 한국문화사.

안병섭(2007가) “휴지의 역할에 대한 반성적 검토.” 「우리어문연구」 28, 우리어문학회.

안병섭(2007나) “언어 분석 단위로서의 ‘발화’ 설정 방법론 연구.” 「한국학연구」 26, 고려대학교 한국학연구소, 233~259면.

안병섭(2008) “국어 운율부의 구조와 기능에 대한 연구.” 고려대 박사학위 논문.

안병섭(2010) “음장 변동의 비규칙성과 그 의미에 대한 고찰.” 「우리어문연구」 36. 우리어문학회. 187~211면.

안병섭 외(2003) “모방발화의 음향음성학적 연구(1)-분절음의 특징과 발화속도 및 지속시간을 중심으로-.” 「제13회 학술대회발표대회 논문집」 한국음성과학회.

양영화(2002) “구어 담화에 나타난 ‘쉼’의 기능.” 「담화와 인지」 9-2. 담화인지언어학회. 79~100면.

엄태수(1996) “최적 이론에 의한 현대국어 음운현상의 설명.” 「음성음운형태연구」 2. 한국음운론학회. 91～116면.
엄태수(2003) "음운규칙의 강도와 음운론적 단어." 「시학과 언어학」 6, 시학과 언어학회. 207～229면.
오미라 · 이해영(1994) "외국어로서의 한국어 억양 교육." 「한국말 교육」 5. 국제한국어교육학회. 109～125면.
유필재(1994) "발화 분석의 음운론적 단위." 「국어연구」 125. ; 「음운 I」(태학사) 재수록.
이기문 외(2000) 「(증보판) 국어음운론」 학연사.
이문규(2005) "형태 · 통사적 구성체의 운율론적 결합도 분석." 「언어과학연구」 34. 언어과학회. 163～194면.
이병근(1986) "발화에 있어서의 음장." 「국어학」 15. 국어학회. 11～39면.
이병근(1987) "국어의 장모음화와 보상성." 「국어학」 16. 국어학회. 1～28면.
이봉원(2002) "현대국어 음성 · 음운 현상에 대한 사용 기반적 연구." 고려대학교 박사학위 논문.
이숙향(1998) "한국어 운율구조와 관련한 모음 및 음절 길이." 「말소리」 35 · 36. 대한음성학회. 43～55면.
이숭녕(1955가) "악센트론(1)." 「한글」 112. 한글학회. 3～11면.
이숭녕(1995나) "악센트론(2)." 「한글」 113. 한글학회. 22～28면.
이숭녕(1955다) "악센트론(3)." 「한글」 115. 한글학회. 30～36면.
이숭녕(1960) "현대 서울말의 악센트 고찰." 「국어학 논고」 동양출판사. 177～227면(「이숭녕 국어학선집」 3(1988, 민음사) 재수록).
이영길(1986) "한국어 의문문의 억양 의미." 「한글」 191. 한글학회. 15～38면.
이영길(1988) "억양의 구조와 의미에 관한 음성, 음운론적 연구." 서울대학교 박사학위 논문.
이진호(2005가) 「국어 음운론 강의」 삼경문화사.
이진호(2005나) "국어의 음운론적 제약 체계." 「어문연구」 126, 한국어문교육연구회, 59～82면.
이현복(1973) "현대 한국어의 악센트." 「문리대 학보」 19, 서울대학교. 113～128면.
이현복(1974) "서울말의 리듬과 억양." 「어학연구」 10-2. 서울대학교 어학연구소. 15～25면.

이현복(1976) "한국어 단음절어의 억양 연구."「언어학」 한국언어학회.

이현복(1982) "한국어 리듬의 음성학적 연구."「말소리」 대한음성학회.

이호영(1991) "한국어의 억양 체계."「언어학」 한국언어학회.

이호영(1996)「국어음성학」 태학사.

이호영(1999) "국어 핵억양의 음향음성학적 연구."「말소리」 38. 대한음성학회.

이희자(2002) "'의사소통의 최소단위'로서의 '발화문'과 '문장'."「텍스트언어학」 13. 343～366면

임규홍(1997) "'쉼'의 언어 기능에 대한 연구."「한글」 235. 한글학회. 93～125면.

전상범(2004)「음운론」 서울대학교 출판부.

전영옥(2003) "한국어 억양단위 연구; 통사적 특징을 중심으로."「담화와 인지」 2-1. 담화인지언어학회.

전은 · 이숙향(1999) "한국어 조사의 운율적 특성; 낭독체 문장을 중심으로."「말소리」 대한음성학회.

전은주(1991) "한국어 '초점'(focus)의 실험음성학적 연구." 서울대 석사학위 논문.

정 국(1994)「생성음운론의 이해」 한신문화사.

정명숙(2002) "한국어 억양의 기본 유형과 교육 방안."「한국어 교육」 13-1. 국제한국어교육학회. 225～241면.

정명숙 · 신지영(2000) "한국어의 시간 단위에 관하여.」「한국어학」 12. 한국어학회. 261～278면.

정명숙 · 황국정(2000) "국어 한자어의 장단음에 대한 실험음성학적 연구(1)."「어문연구」 42. 민족어문학회. 285～299면.

정연찬(1999)「개정 한국어음운론」 한국문화사.

정인섭(1965) "우리말 악센트는 고저악센트다."「논문집」 10. 중앙대학교.

정희원(2001) "한국어의 대조 화제와 화제, 초점: 정보 구조적인 관점에서." 서울대 박사학위 논문.

조일영(1994) "국어 양태소의 의미 기능 연구: 시간 관련 선어말어미를 중심으로." 고려대학교 박사학위 논문.

지민제(1993) "소리의 길이."「새국어생활」 3-1. 국립국어연구원. 39～57면.

차재은(2009) "「큰 사전」 고유어의 음장 분석." 第51차 한국어학회 전국학

술대회 발표 논문집. 177~189면.
최성원 · 전종호(1998) "한국어 경음 · 기음은 중복자음인가?: 폐음절 모음의 단축화를 중심으로."「어학연구」34-3. 서울대 어학연구소. 521~546면.
최순미(2006) "구어에서 나타나는 러시아어 단어의 음절구조와 리듬구조의 특징."「노어노문학」18-3. 한국노어노문학회. 59~77면.
최재웅 외(1994) "한국어 특수조사 '-만'에 연계된 초점의 음향음성학적 특성."「음성과학」5-2. 한국음성과학회. 77~91면.
최정순(1994) "국어 통사음운론 연구." 서강대학교 박사학위 논문.
한선희(2000) "대화체 억양구말 형태소의 경계성조 연구."「음성과학」7-4. 한국음성과학회. 219~234면.
한선희 · 오미라(1999) "한국어 억양구의 경계톤."「음성과학」5-2. 한국음성과학회. 109~129면.
한영균(1988) "비음절화 규칙의 통시적 변화와 그 의미."「울산어문논집」4. 울산대학교. 1~26면.
Amsterdamska, Olga(1987) Schools of Thught : The Development of linguistics from Bopp to Saussure. Kluwer Academic Publishers B. V. 임혜순 역(1987)「언어학파의 형성과 발달」마르케.
Bartels, Christine(1999) The Intonation of English Statements and Questions : a compositinal Interpretation. New York, London; Garland Publishing, Inc.
Beckman & Pierrehumbert(1986) "Intonational Structure in Japanese and English." Phonology Yearbook 3.
Bloomfield(1933) Language. New York, Holt.
Bolinger, Dwight(1958) "A Theory of Pitch Accent in English." Word 14. 109~149.
Bruce, G.(1977) Swedish word Accents in Sentence perspective. Lund: Gleerup.
Chafe, Wallace L.(1994) Discourse, Consciousness, and Time, University of Chicago Press. 김병원 · 성기철 역(2006),「담화와 의식과 시간; 언어의식론」한국문화사.
Chomsky & Halle(1968) The Sound Pattern of English. Harper&Row Pulishers
Chung, Young-Hee(1997) "Vowel Shortening and Evidencd for a Moraic

Consonant: A Case from Kyungsang Dialect of Korean." 「음성 · 음운 · 형태론 연구」 3. 한국음운론학회.

Cummins, F. and R. F. Port(1998) "Rhythmic Constraints on stress timing in English." Journal of Phonetics 26. 145～171.

Dauer, R. M.(1983). "Stress-timing and Syllable-timing Reanalyzed." Journal of Phonetics 11. 51～62.

Halliday, M. A. K. and Matthiesen, M. I. M.(2004) An Introduction to Functional Grammar(3rd edition). London: Hodder Arnold.(1st edition, Halliday 1985; 2nd edition, Halliday 1994)

Hayes, B.(1989) "Compensatory lengthening in moraic phonology." Linguistic Inquiry 20, 253～306.

Hyman, L.(1985) A Theory of Phonological Weight. Dordrecht: Foris.

Itô, J.(1986) Syllable Theory in Prosodic Phonology. Doctoral dissertation, University of Massachusetts.

Jun, Jongho(1994) "Metrical Weight Consistency in Korean Partial Reduplication." Phonology 11, 69～88.

Jun, Sun-Ah(1993) The Phonetics and Phonology of Korean Prosody. Doctoral dissertation, The Ohio State University.

Jun, Sun-Ah and Lee, Hyuck-Joon(1998) "Phonetic an Phonological markers of contrastive focus in Korean." Proceedings of ICSLP 98, Sydney, Australia.

Jun, Sun-Ah(2000) "K-ToBI labelling conventions; version 3.1" UCLA Working Papers in Phonetics, 99.

Jun, Sun-Ah and Oh, Mira(1996) "A prosodic analysis of three types of wh-phrases in Korean." Language and Speech 39, 37～61.

Kang, Ongmi(1992) Korean Prosodic Phonology. Doctoral dissertation, University of Washington; (1993), Korean Prosodic Phonology, Seoul: Taehaksa.

Kang, Seok-Keun(1992) A Moraic Study of Some Phonological Phenomena in English and Korean, Ph. D. dissertation. University of Illinois at Urbana-Champaigne.

Nespor, M. and Vogel, I.(1986) Prosodic Phonology. Foris: Publications, Holland.

Noh, Bokyung(2000) English Secondary Predication; the Interface Between Focus and Argument Structure. Dortoral dissertation, the University of Texas at Austin.

Ladd, D. R.(1980) The Structure of Intonational Meaning. Bloominton. Indiana University Press.

Ladd, D. R.(1996) Intonational Phonology. Cambridge Uviversity Press.

Ladd, D. R.(2000) "Bruce, Pierrehumbert, and the Elements of Intonatioanl Phonology." Prosody : Theory and Experiment. Kluwer Academic Publishers: the Netherlands.

Leben, William(1973) Suprasegmental Phonology, Doctoral dissertation, MIT.

Lee, Jin-Jong(1991) "Metrical Foot and Vowel Length in Verbal Morphology in Korean." Harvard Studies in Korean Linguistics Ⅳ.

Lehiste(1977) "Isochrony Reconsidered." Journal of Phonetics 5. 253∼263.

Laver, J.(1994) Principles of Phonetics. Cambridge: Cambridge University Press.

Pierrehumbert, J.(1980) The Phonology and Phoneics of English Intonation. Ph.D. dissertation, MIT. Reproduced by Indiana University Linguistics Club, Bloomington.

Pierrehumbert, J.(2000) "Tonal Elements and Their Alignment." Prosody : Theory and Experiment. Kluwer Academic Publishers: the Netherlands.

Pierrehumbert, J. & Hirschberg, J.(1990) "The meaning of intonation contours in the interpretation of discourse." in P. Cohen, J. Morgan & M. Pollack(eds), Intentions in Communication, Cambridge, Mass; MIT Press.

Selkirk, E.(1980) On prosodic structure and its relations to syntactic sturucture. Bloomington: IULC.

Selkirk, E.(1984) Phonology and Syntax: The Relation between Sound and Structure. Cambridge, MA: MIT Press.

Skousen, R.(1972) "On Capturing Regularities." Papers from the English Regional Meeting of the Chicago Linguistic Society, Chicago Linguistic Society Chicago 567∼577.

Troubezkoy, N.S.(1939) Principes de phonologie, Editions Klincksieck. Paris; 한문희 역(1991), 「음운학 원론」 한문희(1991), 민음사.

안 병 섭

· 고려대 인문대학 국어국문학과 졸업
· 고려대 대학원 석사 · 박사 졸업
· 고려대 인문대학 국어국문학과 초빙전임강사

· 단국대 · 한성대 · 상지대 · 금강대 강사
· 고려대 민족문화연구원 연구원 · 한국학연구소 상임연구원 역임

· 논저
『광고언어론』(공저), 『(표현력을 키우는) 표현 중심 쓰기 교육 방법』, 「국어 운율부의 구조와 기능에 대한 연구」, 「음장 변동의 비규칙성과 그 의미에 대한 고찰」, 「휴지의 역할에 대한 반성적 검토」 등

한국어 운율과 음운론

초판 1쇄 인쇄 2010년 10월 1일 **초판 1쇄 발행** 2010년 10월 5일
지은이 안병섭 **펴낸이** 박성복 **펴낸곳** 도서출판 월인
등록번호 제6-0364호 등록일 1998. 5. 4.
주소 142-879 서울특별시 강북구 수유2동 252-9
대표전화 (02) 912-5000 팩스 (02) 900-5036
e-mail worinnet@hanmail.net homepage http://www.worin.net

ISBN 978-89-8477-472-8 93710

값 11,000원